Daisaku Ikeda · Joseph Rotblat

Auf der Suche nach der Menschlichkeit

Daisaku Ikeda
Joseph Rotblat

Auf der Suche nach der Menschlichkeit

Der Buddhist und der Nuklearforscher im Dialog

Aus dem Englischen von
Christine Bendner

nymphenburger

Titel der Originalausgabe:
A Quest for Global Peace. Rotblat and Ikeda on War, Ethics and the Nuclear Threat,
erschienen bei I.B. Tauris & Co Ltd

Bildnachweis: S. 30, 103 © British Pugwash Trust
S. 54, 155, 178, 206 © Soka Gakkai

Besuchen Sie uns im Internet unter
www.nymphenburger-verlag.de

Weitere Informationen zum Buddhismus Nichiren Daishonins
und zur Soka Gakkai International erhalten Sie über:
www.sgi-d.org

Schutzumschlag: Wolfgang Heinzel
Satz: Uhl + Massopust, Aalen
Gesetzt aus 10,6/13,8 pt Garamond BQ
Druck und Binden: GGP Media GmbH, Pößneck
Printed in Germany
ISBN 978-3-485-01134-1

Inhalt

Vorwort

Von Robert Hinde

Joseph Rotblat und Daisaku Ikeda sind nicht nur große Denker, sie haben auch, jeder auf seine Weise, ihr Leben einer Mission gewidmet: der Aufgabe, einen Beitrag zu leisten, damit diese Welt ein friedlicherer Ort wird, ein Ort, an dem jeder Einzelne sein ganzes Potenzial zum Wohle der Menschheit entfalten kann.

Der bewegende Dialog zwischen diesen beiden Männern wird gewiss eine Inspiration für viele Menschen sein.

Daisaku Ikeda ist der dritte Präsident der Soka Gakkai International, die als Nichtregierungsorganisation (NGO) mit den Vereinten Nationen zusammenarbeitet und sich weltweit für universale Werte wie Menschenwürde und Frieden einsetzt. Als Buddhist ist Ikeda davon überzeugt, dass jedes Individuum dazu fähig ist, in Harmonie mit anderen einen Beitrag zum Wohl der Menschheit zu leisten. Seine wichtigsten Lebensziele sind die Weiterentwicklung der Soka Gakkai und die Realisierung einer Welt, in der die Würde und die Grundrechte aller Menschen respektiert werden. Er gründete zahlreiche Friedens-, Kultur- und Bildungseinrichtungen in vielen Ländern der Erde und schrieb eine beachtliche Anzahl von Büchern.

Der Naturwissenschaftler Joseph Rotblat ist überzeugt, dass die Wissenschaft ein Werkzeug zur Lösung der Probleme der Menschheit sein muss. Er weiß um die Aufgabe

der Religion, ist aber selbst Agnostiker. Rotblat arbeitete an der Entwicklung der ersten Atomwaffen mit, weil er damals daran glaubte, dass sie im Besitz der Alliierten einen Atomkrieg verhindern würden. Als einziger Wissenschaftler kehrte er aus Gewissensgründen dem Projekt den Rücken, sobald bekannt wurde, dass Deutschland seine wissenschaftlichen Versuche zur Entwicklung einer Atombombe eingestellt hatte. Entsetzt über die Nachricht, dass die Bombe nicht nur eingesetzt, sondern über dicht besiedeltem Gebiet abgeworfen worden war, beschloss er, sein Leben fortan dem Kampf für die Abschaffung aller Atomwaffen zu widmen und wandte sich der Erforschung radioaktiver Strahlung in der Medizin zu.
Für beide Männer ist die Ächtung und Abschaffung von Krieg ein vordringliches und realistisches Ziel. Außerdem sind beide gleichermaßen davon überzeugt, dass Bildung ein wesentlicher Faktor auf dem Weg zu diesem Ziel ist.
Ikeda erhielt neben vielen anderen Auszeichnungen den Friedenspreis der Vereinten Nationen. Rotblat war die treibende Kraft der Pugwash-Konferenzen über Wissenschaft und globale Entwicklungen. Pugwash ist eine Organisation, die – indem sie die öffentliche Aufmerksamkeit auf diese Themen lenkte – während des Kalten Krieges Regierungen dazu brachte, auf den Einsatz von Atomwaffen zu verzichten. Seit dem Ende des Kalten Krieges setzt sie sich weiterhin unermüdlich für den Weltfrieden ein. Im Jahre 1995 erhielt Joseph Rotblat gemeinsam mit der Pugwash-Bewegung den Friedensnobelpreis.

Man mag sich fragen, ob diese beiden Männer ihre Fähigkeit, Ideale zu verwirklichen, aufgrund der schrecklichen Umstände entwickelten, denen sie in ihrer Jugend ausgesetzt waren. Rotblat wäre in Warschau während des

Ersten Weltkriegs fast verhungert, Ikeda erlebte hautnah die Verwüstung Japans im Zweiten Weltkrieg mit. Oder wurden beide als Heranwachsende besonders stark von ihren Mentoren inspiriert und beeinflusst? Für Rotblat war dies Dr. Wertenstein, der Direktor des radiologischen Forschungslabors der Universität Warschau, den er nicht nur als hervorragenden Wissenschaftler bewunderte, sondern auch als einen großen Humanisten erlebte, der ihm die Bedeutung ethischer Werte vermittelte. Ikedas Lehrer und Mentor war Josei Toda, der zweite Präsident der Soka Gakkai, der seinen Aufruf zum Verbot von Atom- und Wasserstoffbomben im selben Jahr veröffentlichte, in dem die erste Pugwash-Konferenz stattfand.

Es ist höchst bemerkenswert, dass diese beiden Männer, obwohl sie verschiedenen Generationen angehören, aus völlig unterschiedlichen Kulturkreisen stammen und unterschiedliche Weltbilder haben, in so vielen Dingen einer Meinung sind – ganz besonders natürlich in ihrem Einsatz für die Einhaltung grundlegender Menschenrechte. Ein zentrales Thema ihres Dialogs, der die Hintergründe des Manhattan-Projekts und die Geschichte der Pugwash-Bewegung ausführlich beleuchtet, ist die Notwendigkeit, eine Welt ohne Krieg zu schaffen, eine Welt, in der alle Menschen in gegenseitigem Einverständnis miteinander leben können. Beide befürworten eine Art Weltregierung, in deren Rahmen die einzelnen Kulturen ihre Integrität wahren. Kulturelle, ethnische und religiöse Unterschiede stellen jedoch kein Hindernis für Kooperation und Freundschaft dar. Keiner von beiden glaubt, dass dieses Ziel in unmittelbarer Zukunft erreicht wird, doch beide betonen immer wieder, wie wichtig es ist, der heutigen Jugend dabei zu helfen, ihre eigentliche Aufgabe im Leben zu finden. Dabei muss die Bildung eine herausragende

Rolle spielen – wobei Bildung hier nicht als bloße Vermittlung von faktischem Wissen zu verstehen ist, sondern als Erziehung zu echtem Lernen und Weisheit. Rotblat und Ikeda sind sich darüber im Klaren, wie wichtig es ist, die Vereinten Nationen bei ihrer Arbeit zu unterstützen und internationales Recht zu respektieren. Rotblat sieht die Zukunft in der richtigen und ethischen Anwendung der Wissenschaft, Ikeda in der Umsetzung der buddhistischen Lehre und der daraus resultierenden Weisheit. Doch das ist kein Hindernis für ein tiefes gegenseitiges Verstehen, ein Verstehen, das ihren gemeinsamen Werten entspringt und eine enge Freundschaft zwischen ihnen entstehen ließ.

Ich bin überzeugt, dass dieses Buch die Menschen meiner Generation, die aus eigener Erfahrung wissen, was Krieg bedeutet, genauso berühren wird, wie es mich berührt hat, und, was noch wichtiger ist, Menschen aller Altersgruppen dazu inspirieren wird, ihr Bestes zu tun, um der Menschheit zu dienen.

Vorwort

Von Joseph Rotblat

Die heutige Welt unterscheidet sich in hohem Maße von jener, in die ich hineingeboren wurde, was meiner Ansicht nach vor allem auf die rasante Entwicklung der Naturwissenschaften zurückzuführen ist. Als der Erste Weltkrieg ausbrach, war ich fünf Jahre alt. Weil ich in den prägenden Jahren meiner Kindheit von so viel Armut und Elend umgeben war, entwickelte ich eine fast leidenschaftliche Faszination für die Naturwissenschaften, die mir ein Werkzeug dafür zu sein schienen, die Missstände und das Elend, das ich tagtäglich vor Augen hatte, ein für alle Mal zu beseitigen: Hunger, Krankheiten, Armut, Unwissenheit, Grausamkeit. Die Wissenschaft war mein Lebenstraum, der mir über jene schrecklichen Jahre hinweghalf.

Wenn ich heute auf diesen Kindheitstraum zurückblicke, freue ich mich, dass viele meiner Vorstellungen Wirklichkeit geworden sind. Infektionskrankheiten, denen früher so viele Säuglinge und Kleinkinder zum Opfer fielen, gehören der Vergangenheit an. Neue Agrartechnologien haben es, zumindest theoretisch, möglich gemacht, die Weltbevölkerung zu ernähren. Andere moderne Technologien sorgten dafür, dass sich die Menschen in Fabriken und Bergwerken nicht mehr so schinden müssen und sicherere Arbeitsbedingungen haben. Auch ist es aufgrund des technischen Fortschritts heute erheblich einfacher geworden, Grundbedürfnisse wie die nach Nahrung, Kleidung und Wohnraum zu befriedigen, und dank der rasanten Entwicklungen in der Kommunikations- und Informationstechnologie haben immer mehr Menschen Zugang zu kulturellen Errungenschaften.

Im Allgemeinen sind die Menschen heute – dank der Naturwissenschaften – gesünder, wohlhabender, gebildeter und informierter und deshalb eher in der Lage, in Frieden miteinander zu leben. Doch leider komme ich nicht umhin, auch einige negative Folgen der Anwendung wissenschaftlicher Errungenschaften zu erwähnen.

Zunächst einmal profitieren nicht alle Menschen gleichermaßen vom Nutzen der Wissenschaft. Die Kluft zwischen den Industrienationen und den Entwicklungsländern sowie zwischen der Ober- und Unterschicht in den einzelnen Ländern ist noch tiefer geworden. Darüber hinaus hat der Wohlstand in den hochentwickelten Ländern und bei deren wohlhabenden Bevölkerungsschichten – die mit ihrem hohen Lebensstandard dennoch nicht zufrieden sind – zu einem übermäßigen Energieverbrauch und der Verschwendung natürlicher Ressourcen geführt. Solche Exzesse haben katastrophale Auswirkungen auf unsere Umwelt. Vor allem aber hat der Einsatz wissenschaftlicher Erkenntnisse und Technologien bei der Entwicklung und Produktion von Massenvernichtungswaffen eine reale Bedrohung für das Überleben der Menschheit geschaffen. Man kann nicht leugnen, dass die drohende Zerstörung der Umwelt und jedwede Gefährdung des Überlebens der Menschheit größtenteils auf die Arbeit von Naturwissenschaftlern zurückzuführen sind. Insbesondere die Entwicklung neuer Waffensysteme geschah nicht aufgrund einer realen Notwendigkeit zur Verteidigung. Dieser Exzess, der lediglich der Befriedigung aufgeblähter Egos dient oder dazu, das intensive Hochgefühl zu erleben, das mit dem Erforschen neuer wissenschaftlicher Konzepte einhergeht, ist ein Beispiel für die Prostitution der Wissenschaft. Das ist eine schreckliche, aber nichtsdestoweniger gerechtfertigte Anklage gegen die Mitglieder einer hochgeachteten Gruppe innerhalb der Gesellschaft.

Dass sich die menschliche Gesellschaft bis in den Wahnsinn ihrer eigenen Zerstörung treiben lassen kann, belegt ein anderes entsetzliches Geschehen des 20. Jahrhunderts: der Holocaust. Dieser Völkermord wurde akribisch genau von einer hochzivilisierten Nation mit einer Chemikalie, die ein Wissenschaftler erfunden hatte, verübt. Massenvernichtungswaffen und Völkermord zeigen den Wahnsinn auf, dem der menschliche Geist anheimfallen kann, und sie zeigen ebenso auf welche niedere Stufe die menschliche Gesellschaft sinken kann. Das Beunruhigendste aber ist, dass diese schrecklichen Missstände noch immer existieren.

Dennoch glaube ich trotz der unglaublich düsteren Kapitel in der menschlichen Geschichte weiterhin an das Gute im Menschen. Seit meiner Kindheit bin ich davon überzeugt, und alle tragischen Geschehnisse, von denen ich sprach – einschließlich meiner persönlichen Tragödie – haben den Glauben an das Gute nicht erschüttert.

Es gibt Anzeichen dafür, dass wir aus der Geschichte lernen und uns auf eine Welt ohne Krieg hin bewegen. So waren beispielsweise Frankreich und Deutschland einstmals Todfeinde, so wie andere Länder der Europäischen Union ebenfalls bis aufs Blut verfeindet waren. Natürlich gibt es immer noch Auseinandersetzungen, aber die Mitglieder der EU haben gelernt, ihre Probleme mit friedlichen Mitteln zu lösen. Diese Entwicklung kann man auch auf anderen Kontinenten beobachten. Langsam und schmerzhaft lernen wir, dass Krieg Wahnsinn ist und dass wir miteinander reden müssen.

Damit die Idee von einer Welt ohne Krieg universal akzeptiert wird, muss allerdings ein Bildungsprozess in Gang kommen. Krieg darf nicht länger als Mittel der Auseinandersetzung akzeptiert werden. Wir müssen unsere Denkweise ändern, die uns nach Sicherheit für unsere Nation auf Kosten anderer Nationen streben lässt.

Diese Erziehung zum Frieden erfordert Bemühungen in zwei Richtungen: die Entwicklung eines neuen Sicherheitsbewusstseins im Sinne von globaler Sicherheit und das Heranreifen einer neuen Art von Loyalität – einer Loyalität zur gesamten Menschheit.

Globale Sicherheit setzt zunächst einmal die Beseitigung elementarer Bedrohungen für das Überleben der Menschheit durch die Abschaffung von Massenvernichtungswaffen voraus. Und dieses Verbot muss für alle Länder gelten. Wir dürfen nicht jene Heuchelei akzeptieren, die es einigen Nationen erlaubt, ihre Atomwaffensysteme zu modernisieren und sie in ihren Militärdoktrinen zu integrieren, während sie gleichzeitig alle anderen Länder zum Verzicht auf Atomwaffen auffordern. Wir müssen eine Resolution verabschieden, derzufolge jeder Einsatz solcher Waffen ein Verbrechen gegen die Menschheit bedeutet, das durch einen gemeinsamen Moralkodex geächtet wird.

Wir leben in einer Weltgemeinschaft, in der die gegenseitigen Abhängigkeiten dank der durch wissenschaftliche Forschung errungenen technischen Fortschritte immer größer werden. Auch wenn jeder Einzelne der Gesellschaft gegenüber verantwortlich ist, tragen Wissenschaft-

ler doch eine besonders große Verantwortung aufgrund der herausragenden Rolle, die die Naturwissenschaft in unserer modernen Gesellschaft spielt. Die Wissenschaft muss sich durch Integrität die Achtung der Weltgemeinschaft erst wieder verdienen. Sie muss das Vertrauen der Öffentlichkeit in ihre Behauptungen zurückgewinnen. Wissenschaftler müssen sich als menschlich erweisen und zeigen, dass es möglich ist, Kreativität mit der Leidenschaft für das Forschen zu vereinen, die Vorstellungskraft schweifen zu lassen und gleichzeitig verantwortlich für die eigenen Taten zu bleiben.
Seit den Tagen des Hippokrates, also seit nahezu 2500 Jahren, existiert ein Moralkodex für Ärzte. Der hippokratische Eid, den jeder Mediziner leisten muss, wurde immer dann bedeutsam, wenn das Leben eines Patienten buchstäblich in den Händen des Arztes lag. Heute haben Naturwissenschaftler gegenüber der Menschheit eine ähnliche Verantwortung. Eine dem Hippokratischen Eid ähnliche ethische Selbstverpflichtung, die zum Beispiel die Pugwash-Studenten abgeben, lautet folgendermaßen:

> Ich verpflichte mich, für eine bessere Welt zu arbeiten, in der Naturwissenschaft und Technik verantwortlich gehandhabt werden. Ich werde meine Ausbildung und mein Wissen nicht für Zwecke zur Verfügung stellen, die der Menschheit oder der Umwelt schaden. Während meines gesamten Berufslebens werde ich stets die ethischen Gesichtspunkte meiner Arbeit in Betracht ziehen, bevor ich handele. Auch wenn diese Verpflichtung möglicherweise hohe Anforderungen an mich stellt, unterzeichne ich diese Erklärung, weil ich anerkenne, dass individuelle Verantwortung der erste Schritt auf dem Weg zum Frieden ist.

Ich bin nun sechsundneunzig Jahre alt und habe den größten Teil meines Lebens für die Abschaffung aller Nuklearwaffen und letztendlich die Abschaffung von Krieg gekämpft. Vor fünfzig Jahren habe ich gemeinsam mit Albert Einstein, Bertrand Russell und acht anderen Wissenschaftlern ein Manifest unterzeichnet, das vor den verheerenden Folgen eines Atomkrieges warnt. Diese Erklärung, das sogenannte Russell-Einstein-Manifest, war Einsteins letzte öffentliche Handlung. Da ich nun der einzige noch lebende Unterzeichner des Manifestes bin, betrachte ich es als meine Pflicht, diese Botschaft weiterzutragen. Was Einstein und seine Zeitgenossen vor fünfzig Jahren niedergeschrieben haben – »Wir müssen lernen, auf neue Art zu denken« –, ist heute noch genauso wichtig und aktuell wie damals.
Als ich seinerzeit meine Unterschrift unter das Dokument setzte, war ich der jüngste Unterzeichner. Im folgenden Dialog, *Auf der Suche nach der Menschlichkeit*, den ich mit einem jüngeren Mann führte und den wir gemeinsam niederschrieben, geht es um dasselbe Dilemma und dieselben Fragen. Können wir uns daran erinnern, was uns als Menschen verbindet, und das Trennende vergessen? Sind wir in der Lage, den notwendigen Weg zu globaler Sicherheit und zur Loyalität zur gesamten Menschheit zu gehen? Gemeinsam mit Daisaku Ikeda möchte ich dieses Forum nutzen, um der nächsten Generation meine Erfahrungen und Überzeugungen im Hinblick auf den ethischen und verantwortungsvollen Umgang mit wissenschaftlichen Erkenntnissen zu hinterlassen.

Joseph Rotblat
London

Vorwort

Von Daisaku Ikeda

> Krieg verwandelt Menschen in blindwütige Bestien… Menschen, die jegliche Barbarei verabscheuen, handeln plötzlich barbarisch. Das ist der Wahnsinn des Krieges!

Das waren die unvergesslichen Worte von Professor Joseph Rotblat, dem herausragenden Wissenschaftler und Friedenskämpfer, bei unserem ersten Treffen in Osaka im Jahre 1989, und während er sprach, wich sein sonst so sanfter, freundlicher Gesichtsausdruck unverhohlenem Zorn.

Der vom Nazi-Regime verübte Holocaust war für ihn auch mit einer persönlichen Tragödie verbunden, denn er verlor seine geliebte Frau in diesem Inferno. Und obwohl er aus dem Manhattan-Projekt noch vor der Fertigstellung der Atombombe ausgestiegen war, empfand er doch stets ein Gefühl der Scham, weil er überhaupt daran mitgearbeitet hatte. Der Zweite Weltkrieg hinterließ in seiner Seele tiefe Wunden, die nie wirklich heilten; gleichzeitig war er der Wendepunkt, an dem sein wahrer Kampf als Mensch begann.

Er wandte sich einer Form der Naturwissenschaft zu, die nicht Zerstörung und Tod über die Menschheit bringen, sondern zu ihrem Wohlergehen beitragen würde, arbeitete fortan in der Krebsforschung und widmete sein Leben gleichzeitig dem Kampf für den Weltfrieden. Er arbeitete hart daran, das durch den Krieg verursachte tiefe Leid in die feste Entschlossenheit umzuwandeln, für den Frieden zu kämpfen, und richtete seine ganze Energie auf ein Ziel aus: die Abschaffung aller Atomwaffen.

Im Jahre 1957 wurde die Pugwash-Bewegung gegründet, ein internationaler Zusammenschluss von Wissenschaftlern, die sich gemeinsam für die Abschaffung von Nuklearwaffen einsetzen. Für Professor Rotblat wurde die Pugwash-Bewegung zur Plattform seines Kampfes für den Weltfrieden, einen Kampf, den er bis zu seinem Tod führte. Im selben Jahr, 1957, rief mein Mentor Josei Toda, der zweite Präsident der Soka Gakkai, junge Menschen in Japan dazu auf, für die Abschaffung der Atomwaffen zu kämpfen, die er als »Ausgeburt des Bösen« bezeichnete. Obwohl sich diese beiden Männer nie begegnet sind, waren sie sich vollkommen einig darüber, dass der sinnlose Wettstreit politischer Ideologien unbedingt beendet und die Existenz von Atomwaffen für illegal erklärt werden muss. Dass Professor Rotblat so positiv auf die von weiten Teilen des Volkes unterstützte Friedensbewegung der SGI (Soka Gakkai International) reagierte und seinen Willen zur Zusammenarbeit bekundete, ist sicher zum Teil auch auf diese historische Koinzidenz zurückzuführen. Er sagte wörtlich: »Wir haben ein gemeinsames Ziel. Das Ringen um den Frieden wird zweifellos nicht ohne Kampf vonstatten gehen, aber ich hoffe, dass wir von nun an zusammenarbeiten können, damit dieser Kampf weitergeht.«

Im Jahre 1995 erhielt Professor Rotblat den Friedensnobelpreis, und es ist offensichtlich, dass er seine Bemühungen um den Frieden in der Welt in den darauf folgenden Jahren noch intensivierte. Zweifellos spornte ihn sein Gefühl, eine Mission erfüllen und seiner Verantwortung gerecht werden zu müssen, zu noch größeren Anstrengungen an, weil er der letzte überlebende Unterzeichner des Russell-Einstein-Manifestes von 1955 war.

Als wir uns im Jahre 2000 in Okinawa ein zweites Mal trafen, konnte ich sehen, dass er härter denn je auf sein Ziel hinarbeitete. »Ich kann es mir nicht leisten, müde zu sein!«, erwiderte er auf meine Frage, wie er denn dieses Arbeitstempo durchhalten könne. Professor Rotblat und ich nahmen einen Briefwechsel auf, als er den dringenden Wunsch äußerte, an die jungen Menschen der nächsten Generation zu appellieren, weiter für die Ideale des Russell-Einstein-Manifestes zu kämpfen. In seinen letzten Lebensjahren galt seine größte Sorge der Frage, wie man die Fackel des Friedens an die jüngere Generation weitergeben könnte, und er konzentrierte sich immer mehr darauf, junge Leute in dieser Hinsicht aufzuklären.

In diesem Zusammenhang willigte er freundlicherweise ein, die von mir gegründete Soka University of America zu besuchen und dort einen Vortrag zu halten. Das war im Oktober 2001, als ganz Amerika noch wegen der Terroranschläge des 11. September unter Schock stand. Professor Rotblat war müde und erschöpft von der langen Reise, und er schluckte im Auto, das ihn vom Flughafen zum Campus brachte, noch eine Handvoll Medikamente, die er aus London mitgebracht hatte. Er war damals zweiundneunzig Jahre alt, aber seine flammende Rede, die seine Stimmbänder strapazierte, beeindruckte die Studenten zutiefst, denn es war sein persönliches »Manifest des Friedens«.

Das vorliegende Buch trägt den Titel *Auf der Suche nach der Menschlichkeit*. Dieser Titel ist ein Tribut an Professor Rotblats leidenschaftlichen Kampf für die Verwirklichung seiner Ideale und fasst den Inhalt des Vortrags zusammen, den er an der Soka University hielt. Er hoffte, wie er mir sagte, mittels unserer Gespräche seine Gedanken zum Thema »Frieden« umfassend darlegen zu können und arbeitete unermüdlich daran, sie in eine druckreife Form zu bringen. In der ersten Augustwoche des Jahres 2005 stellten wir die letzten Druckfahnen fertig – genau sechzig Jahre nach jenem Ereignis, das der Auslöser für Professor Rotblats Friedensbemühungen war: der Abwurf der Atombombe auf die Städte Hiroshima und Nagasaki. Nicht lange nach unserem Treffen endete Joseph Rotblats Lebensreise. Er starb am 31. August im Alter von 96 Jahren friedlich in London.

Vor sechs Jahren ließ ich in Osaka, dem Ort unseres ersten denkwürdigen Treffens, zu Ehren von Professor Rotblat und seiner Frau zwei Kirschbäume pflanzen. Als ich die Bäume dieses Frühjahr sah, standen sie in voller Blüte und das zarte Rosa der Blütenblätter erinnerte mich an die gesunde Farbe von Professor Rotblats Wangen.

Auch beim Tode meines Mentors Josei Toda im April standen die Kirschen in voller Blüte. Ich erinnere mich, dass er einmal tief bewegt zu mir sagte:

> Man kann Krieg nicht abschaffen, indem man das Gesellschaftssystem oder die Staatsstruktur verändert. Nur eine grundlegende Änderung im menschlichen Bewusstsein kann das bewirken. Die Menschen müssen insgesamt stärker werden. Die Menschen müssen weiser werden. Die Menschen dieser Erde müssen sich in Liebe vereinen – es gibt keinen anderen Weg!

Seine Worte sind wie ein Echo jener Botschaft, die sich durch das gesamte Russell-Einstein-Manifest zieht – die Aufforderung: »Erinnert euch eures Menschseins!«
Ich hoffe, dass sich viele junge Menschen von diesem Buch und von Professor Rotblats lebenslangem Engagement inspirieren lassen und dass einer nach dem anderen hervortritt und sich dieser beispiellosen Herausforderung stellt: der Aufgabe, eine Welt ohne Nuklearwaffen und ohne Krieg zu schaffen.

Daisaku Ikeda
Präsident der Soka Gakkai International

1

Eine Welt, ein Tisch und der Wille, die nukleare Sirene verstummen zu lassen: Pugwash

Ikeda: Professor Rotblat, ich hatte immer wieder Gelegenheit, mit führenden Friedensaktivisten aus aller Welt zu sprechen, die viel zum Weltfrieden beigetragen haben, aber es freut mich ganz besonders, dass ich heute mit Ihnen sprechen kann. Sie sind ein mutiger Mann, der für globale Gerechtigkeit eintritt und mehr als irgendjemand sonst im 20. Jahrhundert – einem Jahrhundert voller Gewalt und kriegerischer Auseinandersetzungen – mit aller Kraft unerschütterlich für den Weltfrieden gekämpft hat. Bitte erzählen Sie uns, und vor allem auch den zukünftigen Generationen, die inspirierende Geschichte Ihres Lebens und lassen Sie uns an Ihrer Lebensphilosophie teilhaben. Ich glaube, dass Ihre Vision für viele Menschen eine sehr wichtige Quelle der Inspiration sein kann und dazu beitragen wird, dass es der Menschheit gelingt, das 21. Jahrhundert in ein Jahrhundert des Friedens umzuwandeln. Beginnen wir also unseren Dialog im Sinne unseres gemeinsamen Zieles: der endgültigen Überwindung von Krieg und aller Tragödien damit für die Menschheit verbunden sind.

Rotblat: Dr. Ikeda, ich habe mich schon seit einiger Zeit auf dieses Treffen gefreut, und es bewegt mich sehr, nun endlich persönlich mit Ihnen sprechen zu können. Sie sind ein tatkräftiger Mann, voller Energie, viel jünger als ich und in vielen Teilen der Welt bekannt als ein Mensch, der sein Ziel mit großer Entschlossenheit verfolgt. Ich bin einer Ihrer größten Bewunderer, denn ich betrachte Sie als eine große Führungspersönlichkeit, einen wahren Helden und einen Botschafter des Friedens.

Das Engagement für den Frieden und der politische Wille

Ikeda: Vielen Dank, das ist sehr freundlich von Ihnen. Sie kämpfen wie ein Löwe für den Frieden, daher würde ich lieber über Sie sprechen. Bei dieser Gelegenheit möchte ich noch einmal auf die internationale Konferenz zurückkommen, die im Februar 2000 von dem von mir gegründeten Toda Institute for Global Peace and Policy Research (Toda Institut für Weltfrieden und Politikforschung) ausgerichtet wurde. Ich möchte Ihnen noch einmal ganz herzlich dafür danken, dass Sie seinerzeit die weite Reise nach Okinawa auf sich genommen haben, um an dieser Konferenz teilzunehmen. Damals wurde Ihnen der Toda-Preis für Friedensforschung verliehen, und ich werde nie vergessen, dass Sie in Ihrer Rede darauf bestanden, dass Japan eine Führungsrolle bei der Abschaffung von Atomwaffen übernehmen muss. Es war sehr bewegend, als Sie bei dieser Konferenz Ihre Wut und Trauer angesichts der Tragödie und ungeheuren Destruktivität kriegerischer Auseinandersetzungen zum Ausdruck gebracht haben. Gleichzeitig äußerten Sie Ihre feste Überzeugung und Ihren Wunsch, die Welt in einen friedlichen Ort zu verwandeln. Sie erhoben warnend Ihre Stimme und wiesen darauf hin, dass die Menschheit derzeit mit einer ihrer größten Krisen konfrontiert wird und dass wir handeln müssen.

Auf dieser Konferenz in Okinawa bekräftigten wir unser Engagement für den Frieden und vereinbarten, unsere Gespräche zum Wohle zukünftiger Generationen fortzusetzen. Deshalb bin ich sehr glücklich, dass wir unser Vorhaben nun in die Tat umsetzen.

Rotblat: Heute möchte ich eine besondere Bitte an Sie richten, Dr. Ikeda. Wie Sie wissen, ist die Lage der Menschheit äußerst prekär. Diese Situation muss so schnell wie möglich überwunden werden. Deshalb bitte ich Sie, Ihre globale Führungsrolle dazu zu nutzen, auf notwendige Veränderungen zu drängen, um den Weltfrieden zu sichern. Ich glaube, dass es Ihnen möglich ist, einiges zu bewegen.

Ikeda: Ich schätze es, dass Sie die globale Situation so klar erkennen, und ich gebe Ihnen heute mein Wort, dass ich mich mit aller Kraft für das Wohl der Menschheit einsetzen werde. Seit dem Beginn des 21. Jahrhunderts scheint der Weg zu einer Welt ohne Krieg und Atomwaffen unklarer denn je. Professor Rotblat, in einer Rede, die Sie auf dem fünfzehnten Weltkongress der IPPNW (Internationale Ärzte für die Verhütung des Atomkrieges) und der PSR (Ärzte in sozialer Verantwortung) im Mai 2002 zum Thema »Das Atomproblem: Wie soll es weitergehen?« hielten, sagten Sie wörtlich: »Es ist schlecht bestellt um die Bemühungen zur Abschaffung von Nuklearwaffen, um nicht zu sagen, sehr schlecht.«

Dem Thema der weiteren unkontrollierten Verbreitung von Atomwaffen wird große Aufmerksamkeit gewidmet, aber man spricht praktisch nie über die grundlegende Be-

drohung, die von der Existenz der Atomwaffen an sich ausgeht. Ich habe nicht das Gefühl, dass die Atommächte den politischen Willen haben, die nukleare Abrüstung unmittelbar voranzutreiben und sämtliche Atomwaffen innerhalb eines bestimmten Zeitraumes abzuschaffen. Stattdessen scheint unter dem Deckmantel der Forderung nach »Sicherheit« und Strategien zur »Krisenbewältigung« eine gewisse Kriegsakzeptanz um sich zu greifen. In Wirklichkeit spiegelt sich die Entwicklung der vergangenen 60 Jahre seit Beginn des nuklearen Zeitalters in der Feststellung: »Solange Atomwaffen existieren, werden sie Verbreitung finden.« Seit 1945 (in der Sowjetunion seit 1949) beobachten wir die zunehmende Verbreitung von Atomwaffen – und zwar trotz des Atomwaffensperrvertrags.
Einige Länder besitzen ganz offiziell Nuklearwaffen, anderen wird dies untersagt. Das ist im Prinzip eine ungerechte, instabile und letztendlich unhaltbare Situation. Auf lange Sicht kann es nur zwei Lösungen geben: Entweder wird der Besitz von Kernwaffen jedem Staat, der danach verlangt, erlaubt oder das Verbot hat für alle Staaten Gültigkeit. Die erste Lösung führt zur Vernichtung der Menschheit. Also haben wir gar keine andere Wahl, als uns für die zweite Option zu entscheiden. Und wir können uns vor dieser Entscheidung nicht drücken, nur weil sie schwierig ist. Wir müssen uns mit diesem Problem konfrontieren und den Mut finden, gemäß unserer Überzeugung zu handeln.

Rotblat: Ja, in der Tat. Unsere einzige Rettung vor globaler Vernichtung besteht darin, Entscheidungen zu treffen, die die Verwirklichung einer friedlichen Welt sicherstellen. Jahrhundertelang wurde der römische Leitspruch »Si vis pacem, para bellum« (Willst du Frieden, bereite dich auf den Krieg vor) als Garant für die Sicherheit in der Welt betrachtet. Angesichts der allgemeinen Akzeptanz dieser konventionellen Maxime ist die heutige Einstellung der Menschen nicht verwunderlich. Doch die Geschichte lehrt uns, dass Kriegsvorbereitungen im Allgemeinen immer zum Krieg geführt haben. Das ist eine unbestreitbare Tatsache. Dennoch haben wir bisher stets auf dieses Motto gesetzt.

Will die Menschheit das dritte Jahrtausend erleben, müssen wir es allerdings umschreiben: »Si vis pacem, para pacem« (Willst du Frieden, bereite dich auf den Frieden vor). Jeder Einzelne von uns ist ein Mitglied der menschlichen Familie und wir genießen unser Leben in dieser Gemeinschaft. Deshalb dürfen wir niemals vergessen, dass wir die Pflicht und Verantwortung haben, dafür zu sorgen, dass die menschliche Gemeinschaft überleben kann.

Die Geburtsstunde der Pugwash-Bewegung: die Großzügigkeit eines Geschäftsmannes

Ikeda: Sie haben die Pugwash-Bewegung, die im Jahre 1957 ins Leben gerufen wurde, mit aller Kraft unterstützt und waren viele Jahre Generalsekretär. Außerdem haben Sie während des Kalten Krieges alles darangesetzt, Wissenschaftler aus dem Osten und dem Westen zu persönlichen Gesprächen zusammenzubringen.

Seit 1988 spielten Sie als Präsident der Pugwash-Organisation eine führende Rolle in der Anti-Atom-Bewegung zur Abschaffung aller Atomwaffen. Im Jahre 1995 wurden Sie mit dem Nobelpreis geehrt. Und Sie haben auch als emeritierter Präsident in Ihrem Engagement für den Weltfrieden nie nachgelassen. Professor Rotblat, Sie waren über ein halbes Jahrhundert lang an allen Beiträgen der Pugwash-Konferenzen zum Weltfrieden beteiligt, und alle bemerkenswerten Erfolge dieser Organisation gehen auf diese erste Konferenz zurück, die in jenem kleinen kanadischen Fischerdorf veranstaltet wurde, nicht wahr?

Rotblat: Ja. Die Pugwash-Konferenzen wurden nach diesem kleinen Fischerdorf benannt. Aufgrund eines Briefes, den Cyrus Eaton, ein Geschäftsmann aus Ohio, an Lord Bertrand Russell schrieb, wurde dieser Ort für das Treffen ausgewählt. Eatons Brief, der Russell ein paar Tage nach der Veröffentlichung des Russell-Einstein-Manifestes erreichte, enthielt folgenden Vorschlag: »Könnte ich vielleicht durch die anonyme Finanzierung eines Treffens der Wissenschaftler Ihrer Gruppe in Pugwash, Nova Scotia, zur Realisierung Ihres Vorhabens beitragen? Der Ort liegt direkt am Meer und ich besitze dort ein komfortabel ausgestattetes Anwesen, welches ich für wissenschaftliche Tagungen zur Verfügung stelle.« Damals schenkten wir diesem Angebot zunächst keine besondere Beachtung.

Ikeda: Sie planten zunächst nicht, die Konferenz in Pugwash abzuhalten.

Rotblat: Nein, wir hatten zu diesem Zeitpunkt bereits eine Konferenz in Indien geplant. Der indische Premierminister Jawaharlal Nehru war von unserem Vorhaben begeistert und ermutigte uns, die Konferenz in Neu-Delhi zu veranstalten. Doch die instabile weltpolitische Lage im Jahre 1956 – unter anderem der Aufstand in Ungarn und

die Suez-Krise, die zur Schließung des Kanals führte – zwang uns, die Konferenz in Indien abzusagen, die dort eigentlich im Januar 1957 hätte stattfinden sollen.
In dieser Situation erinnerte ich mich an den Brief von Cyrus Eaton. Zunächst musste ich natürlich herausfinden, ob sein Angebot noch gültig war, also schickte ich ihm ein Telegramm und erhielt glücklicherweise eine positive Antwort. Von da an war klar, dass die Konferenz in Kanada stattfinden würde, und wir stürzten uns aufs Neue in die Vorbereitungen.
Pugwash war der Geburtsort von Cyrus Eaton. Er bot uns nicht nur sein Anwesen für die Zeit des Treffens an, sondern übernahm auch die Reisekosten und sämtliche anderen Auslagen für alle Teilnehmer während ihres Aufenthalts in Pugwash. So konnten wir im Juli 1957 eine Konferenz mit 22 Wissenschaftlern aus zehn Nationen abhalten, an der auch Wissenschaftler aus dem Ostblock, beispielsweise aus der UdSSR und Polen, teilnahmen.

Ikeda: Eaton übernahm alle Kosten für die Konferenz und versprach, in keiner Weise Einfluss auf die Entwicklung des Treffens zu nehmen. Diesem aufrichtigen, ehrlich besorgten Geschäftsmann, der sich nach Frieden sehnte, ist es zu verdanken, dass damals der erste Schritt auf dem langen Weg zur Gründung einer Bewegung gemacht wurde, deren Ziel die Abschaffung aller Atomwaffen ist.
Im selben Jahr verkündete interessanterweise mein Lehrer und Mentor Josei Toda, der zweite Präsident der Soka Gakkai, öffentlich seinen Aufruf zum Verbot von Atom- und Wasserstoffbomben. Das war ein Jahr vor seinem Tod. Die Erklärung war deshalb von besonderer Bedeu-

tung, weil mein Mentor als praktizierender Buddhist intuitiv wusste, dass die Atomwaffen zur größten Bedrohung für die Menschheit werden würden. Wenn ich über diese gemeinsame Besorgnis nachdenke, empfinde ich eine tiefe Verbundenheit mit der Pugwash-Bewegung.

Pugwash und Japan

Rotblat: Wir hatten die gleiche Sichtweise, und ich bedaure sehr, dass ich Mr. Toda vor seinem Tod nicht mehr treffen konnte. Ich glaube, dass die Soka Gakkai International (SGI), die ja von ihm ins Leben gerufen wurde und die von Ihnen und den vielen anderen engagierten SGI-Mitgliedern weitergeführt wird, dasselbe Ziel verfolgt wie die Pugwash-Bewegung: eine Welt zu schaffen, in der es weder Kriege noch Atomwaffen gibt.

Die Teilnehmer der ersten Pugwash-Konferenz im Jahre 1957

Ikeda: Die Abschaffung der Atomwaffen ist sicher der Wunsch aller besonnenen, intelligenten Menschen dieser Welt. Aber wenn es uns nicht gelingt, eine solche Welt zu schaffen, wird Frieden im wahrsten Sinne dieses Wortes eine Illusion bleiben und die Zukunft der gesamten Menschheit auf dem Spiel stehen. Übrigens, an der ersten Pugwash-Konferenz nahmen auch drei japanische Wissenschaftler teil. Zwei von ihnen, Hideki Yukawa und Shin'ichiro Tomonaga, hatten den Nobelpreis für Physik erhalten, und der dritte war der Physiker Iwao Ogawa. Professor Tomonaga, der sich an den Vorbereitungen für die kanadische Konferenz beteiligte, teilte mir seine Gedanken über diese Konferenz mit.

Er sagte: »Die erste Pugwash-Konferenz war natürlich aufgrund der dort gefassten Beschlüsse von großer Bedeutung, doch ich denke, fast genauso wichtig war die Tatsache, dass Wissenschaftler aus dem Osten und dem Westen überhaupt in der Lage sind, miteinander zu reden. Diese Erfahrung zeigte uns, dass wir uns im offenen und freundlichen Gespräch verständigen und einigen konnten, gleichgültig, wie unterschiedlich unsere Ansichten auch waren.«[1]

Während der gesamten Dauer der Konferenz fanden täglich von morgens bis in die späte Nacht hinein hitzige Diskussionen unter den Wissenschaftlern statt. Zur Zeit des Kalten Krieges waren Gespräche über politische Themen wie Abrüstung und Frieden sicher sehr problematisch.

Rotblat: Offen gesagt, anfangs befürchteten wir, dass die durch den Kalten Krieg angespannten politischen Beziehungen zu emotionalen Konfrontationen mit den sowjetischen Wissenschaftlern führen würden, deren politische Überzeugungen ja stark von unseren abwichen. Aber am Ende der Konferenz waren sich alle über die Gründung einer neuen Organisation einig, die eine Plattform für die Weiterführung dieser Gespräche bieten sollte. In diesem Sinne wurde die Konferenz, wie Professor Tomonaga be-

tonte, zu einer bedeutsamen historischen Begegnung zwischen Wissenschaftlern aus Ost und West.
Als sich die 22 Wissenschaftler in Pugwash trafen, konnte niemand vorhersehen, dass dies der Beginn einer neuen globalen Bewegung sein würde. Viele befürchteten, dass die Konferenz mit unüberbrückbaren Differenzen enden würde. Aber das Gegenteil trat ein: Auf dieser Konferenz wurden lebenslange Freundschaften geschlossen. In meinem Fall traf das jedenfalls zu. Ich genoss beispielsweise die Begegnung mit den drei japanischen Wissenschaftlern und schloss bald Freundschaft mit ihnen. Professor Ogawa stand mir altersmäßig am nächsten, und so fühlten wir uns einander sehr verbunden. Nach der Konferenz begannen wir einen Briefwechsel und vertieften unsere Freundschaft.

Ikeda: Das ist wunderbar. Ogawa lehrte viele Jahre Physik an der Rikkyo Universität und war, wie ich hörte, sehr angetan von den Aktivitäten der Friedensbewegung der SGI.
Aufgrund der Erfahrungen, die wir im Laufe vieler Jahre gemacht haben, kann ich Professor Tomonagas Feststellung bestätigen, dass Wissenschaftler in der Lage sind, ungeachtet ihrer unterschiedlichen Weltbilder eine gemeinsame Ebene zu finden, wenn sie sich offen und in aller Freundschaft austauschen. Diese Überzeugung festigte sich noch, als ich auf dem Höhepunkt des Kalten Krieges sozialistische Länder besuchte – einschließlich der UdSSR und der Volksrepublik China –, um mit politischen und intellektuellen Führungspersönlichkeiten über den Ausbau freundschaftlicher Beziehungen zu sprechen.
Bei meinem ersten Besuch in der Sowjetunion im September 1974 traf ich mich mit Alexei Kossygin. Als wir bei

unserem Gespräch das Thema Nahrungsmittelknappheit streiften, erklärte er kurz und bündig: »Zuallererst müssen wir die Idee aufgeben, einen Krieg führen zu wollen. Krieg ist absolut sinnlos. Wenn die Menschen in der Lage wären, sich auf den Frieden anstatt auf Kriege vorzubereiten, könnten sie Nahrungsmittel anbauen, anstatt militärisch aufzurüsten.« Diese Worte sind mir noch sehr lebhaft in Erinnerung.
Professor Rotblat, Sie waren der stellvertretende Vorsitzende der Konferenz in Kanada. Worauf führen Sie den Erfolg dieser Tagung zurück?

Das Erfolgsrezept: persönlicher Respekt und Vertrauen in die Professionalität der Teilnehmer

Rotblat: Nun, zunächst einmal hatten viele Konferenzteilnehmer während des Zweiten Weltkrieges am Manhattan-Projekt migearbeitet und waren sich daher als Atomwaffenexperten über die katastrophalen Auswirkungen des Einsatzes von Atomwaffen völlig im Klaren. Außerdem hatten alle Teilnehmer bereits eine aktive Rolle in internationalen Angelegenheiten inne, sodass sie nicht voreingenommen an heikle Themen herangingen. Ich glaube, das lag vor allem auch daran, dass sie Wissenschaftler waren, deren traditionelle wissenschaftliche Schulung es ihnen ermöglichte, Fakten zu respektieren und unparteiische Entscheidungen zu treffen. Darüber hinaus waren wir als Wissenschaftler alle mit den Arbeiten und Veröffentlichungen der anderen vertraut, was in einigen Fällen auch bedeutete, dass sich bereits persönliche Beziehungen entwickelt hatten. Wir respektierten

einander auf menschlicher Ebene, aber auch als Experten. Ungeachtet der Tatsache, dass viele unserer Diskussionen politischer Natur waren, konnten wir aufgrund unseres Hanges zu rationaler Analyse und objektivem Forschen unsere gegenseitige Wertschätzung und das gegenseitige Vertrauen vertiefen.
Deshalb übertraf die Konferenz, die ja zunächst als einmaliges Ereignis geplant war, sogar unsere eigenen Erwartungen, und wir beschlossen, sie regelmäßig zu wiederholen. Ein Planungskomitee wurde berufen, dessen erste Zusammenkunft in London stattfand.

Die Ethik der Universalität

Ikeda: Das ist sehr beeindruckend. Ganz offensichtlich schuf der Respekt, den Sie einander als Wissenschaftler entgegenbrachten, eine wertvolle Grundlage, die entscheidend zum Erfolg Ihrer Gespräche beitrug.
Norman Cousins ist eine weitere wichtige Persönlichkeit, die während des Kalten Krieges einen enormen Beitrag zur Verbesserung der Ost-West-Beziehungen leistete. In den Gesprächen, die ich mit ihm führte und die später auch veröffentlicht wurden, beschrieb Mr. Cousins seine Rolle als Gesandter des amerikanischen Präsidenten John F. Kennedy bei seinem Treffen mit dem russischen Premier Nikita Chruschtschow in Moskau. Norman Cousins hatte ein unerschütterliches Vertrauen in das Gute im Menschen, und seine wichtigste Überzeugung war die, dass man nur durch Kooperation zu einem echten Verständnis für andere gelangen kann.
Vor allem müssen wir offen dafür sein, miteinander zu sprechen und zusammenzuarbeiten. An diesem Punkt

überwinden wir Differenzen und finden einen Weg zu gegenseitigem Verstehen. Wenn wir stur darauf beharren, zuerst zu einem Konsens zu gelangen, bevor wir im Rahmen fruchtbarer Beziehungen zusammenarbeiten können, wird gegenseitiges Verständnis für immer unerreichbar bleiben. Ich habe mich bei meinen Bemühungen, in einer geteilten und entzweienden Welt Brücken der Freundschaft zu bauen, besonders darauf konzentriert, Möglichkeiten für einen Austausch im Bildungsbereich zu schaffen, weil ich das Gefühl habe, dass gerade in diesem Bereich ein Geist der Universalität und Einheit herrscht, der dazu beitragen kann, Nationalismus und ideologische Differenzen zu überwinden.

Ich erwähnte bereits meinen ersten Besuch in der Sowjetunion. Diese Reise fand während einer besonders spannungsreichen Phase der russisch-chinesischen Beziehungen statt. Ich fühlte mich dazu herausgefordert, etwas zur Lösung der Spannungen zwischen diesen beiden Nationen beizutragen. Deshalb stattete ich sowohl der UdSSR als auch der Volksrepublik China einen Besuch ab. Bei meinem Besuch der Moskauer Universität fiel mir ein großes Gemälde an der Stirnwand des Rektorats auf. Es war ein Geschenk der Universität von Peking und stellte die Moskauer Universität in all ihrer Pracht dar. Als ich erfuhr, woher das Bild stammte, wuchs meine Überzeugung, dass die Welt der Politik zwar durch Konflikte belastet sein kann, dass es aber in der Welt von Lehre und Forschung keine nationalen Grenzen gibt. Ich hatte plötzlich das Gefühl, dass Russland und China gar nicht umhin kämen, irgendwann eine harmonische Beziehung zueinander zu entwickeln. Wie die Geschichte gezeigt hat, war diese Einschätzung richtig.

Rotblat: Das ist sehr interessant. Ich glaube, unsere wichtigste Aufgabe während des Kalten Krieges bestand darin, Wissenschaftlern, deren Austausch aufgrund des Eisernen Vorhangs ins Stocken geraten war, Gelegenheit zu Begegnungen und Gesprächen zu geben, und zwar nicht als Repräsentanten ihrer Länder oder bestimmter Organisationen, sondern als Individuen. Diese informellen Beziehungen überdauerten sogar den Vietnamkrieg und die Afghanistan-Krise, obgleich die Beziehungen zwischen den USA und der Sowjetunion sehr angespannt waren. Die Ostblockländer hatten die Freiheit der Meinungsäußerung und die Reisefreiheit drastisch eingeschränkt, doch die sowjetische Akademie der Wissenschaften war der Ansicht, dass sowjetische Wissenschaftler ihren westlichen Kollegen in nichts nachstehen sollten. Deshalb setzte sie ihren nicht unbeträchtlichen Einfluss ein, um prominenten sowjetischen Wissenschaftlern die Teilnahme an den Pugwash-Konferenzen zu ermöglichen. So konnten wir schließlich Lew Arzimowitsch, Nikolai Bogoljubow und Peter Kapitza als Teilnehmer begrüßen. Diese Wissenschaftler hatten großen Einfluss auf die nationale Politik und scheuten sich nicht, ihre Ansichten zu äußern, auch wenn diese von der offiziellen Politik ihres Landes abwichen.

Ikeda: Sie und Ihre Kollegen mussten jahrelang harsche Kritik einstecken und Verleumdungen erdulden, einzig und allein weil Sie sich mit Wissenschaftlern des Ostblocks an einen Tisch gesetzt haben. Auch ich wurde zur Zielscheibe grundloser Angriffe wegen meiner Reisen nach Russland und China.

Man fragte mich beispielsweise, wieso ich, ein religiöser Mensch, Länder besuche, die Religion ablehnen.
Als treibende Kraft der Pugwash-Bewegung haben Sie, Professor Rotblat, lange und hart darauf hingearbeitet, die Kluft zwischen Ost und West zu überbrücken. Was war Ihre problematischste Erfahrung bei Ihrer Arbeit für die Pugwash-Konferenzen?

Rotblat: Wie Sie bereits angedeutet haben, war das eine Zeit, in der, aus welchem Grund auch immer, bereits die Erwähnung des Vorhabens, die Abschaffung aller Atomwaffen zum erklärten Ziel einer Organisation zu machen, darauf hinauslief, dass man zum Werkzeug der russischen Propaganda wurde. Wenn man sich damals mit russischen Wissenschaftlern traf und froh war über die Gelegenheit, mit ihnen über Wege zum Frieden und über militärische Abrüstung sprechen zu können, wurde man sofort als Kommunist oder Sympathisant abgestempelt. Ich wurde kritisiert und beschimpft, man stellte mich als naiv oder als unbesonnen sowie als leichte Beute für sowjetische Manipulation dar. Und inmitten dieser ganzen Querelen versuchte ich, mit größter Sorgfalt für einen reibungslosen Ablauf der Konferenz zu sorgen, um weder das Vertrauen der östlichen noch der westlichen Teilnehmer zu verspielen.

Ikeda: Sie haben Ihre Sache wirklich hervorragend gemacht. Sie erinnerten mich an Professor Linus Pauling, der sich ebenfalls der Bewegung zur Abschaffung der Atomwaffen angeschlossen hatte und bei einer unserer Begegnungen mit mir über jene Tage sprach. Er sagte, die meisten Wissenschaftler hätten sich damals mit Äußerungen in der Öffentlichkeit zurückgehalten, »aber ich weigerte mich, vielleicht aus Trotz, mich von McCarthy und den anderen amerikanischen Antikommunisten zum Schweigen bringen zu lassen«[2]. Vielleicht hatten Sie beide dieselbe Vision.

Rotblat: Professor Pauling war wirklich ein großartiger Mensch. Ich bin mir sicher, dass wir beide in vieler Hinsicht dieselben Überzeugungen vertreten haben.
Um noch einmal auf unsere vorherige Frage zurückzukommen: Die Pugwash-Konferenzen gelangten im Jahre 1960 erstmals an einen Scheideweg, als die Sowjetregierung uns aufforderte, einen Vertreter der Organisation nach Moskau zu schicken, wo er an der Planung für einen Weltkongress über Abrüstung teilnehmen sollte. Der Grund dafür war, dass die Pugwash-Konferenzen offensichtlich dasselbe Ziel verfolgten wie die sowjetische Konferenz, die in Moskau stattfinden sollte: die militärische Abrüstung. Es schien keinen vernünftigen Grund zu geben, nicht mit ihnen zusammenzuarbeiten.
Einige unserer Teilnehmer waren der Meinung, wir sollten das Angebot, an dieser Tagung teilzunehmen, unbedingt annehmen, aber ich beharrte auf dem Standpunkt, dass unsere Teilnahme als Unterstützung der sowjetischen Propaganda ausgelegt worden wäre und man das Angebot deshalb ablehnen müsse. Meine Ansicht setzte sich schließlich durch und wir lehnten die sowjetische Einladung ab.

Ikeda: Es scheint, dass Sie damals mit zahlreichen Schwierigkeiten und widrigen Umständen konfrontiert waren.

Rotblat: Ja. Ich werde nie vergessen, wie mich ein Mitglied der sowjetischen Delegation nach einer Debatte beiseite nahm und mir dafür dankte, dass ich seinen Vorschlag zurückgewiesen hatte. Obwohl er Mitglied der kommunistischen Partei war, erkannte er die Bedeutung der Pugwash-Konferenzen als Möglichkeit der Kommunikation zwischen Ost und West. Er war zweifellos insgeheim erleichtert, dass die Bewegung nun weiterhin das Vertrauen der westlichen Nationen genießen würde. Noch viele Jahre später wurden die Pugwash-Konferenzen im Westen als echte Friedensbemühungen gewürdigt.

Das öffentliche Gewissen schulen

Ikeda: Es berührt mich wirklich sehr, wenn ich höre, dass die russischen Wissenschaftler Ihnen persönlich für Ihre Bemühungen dankten. Das ist eine bedeutsame historische Aussage. Politische Parteilichkeit zu überwinden ist gewiss leichter gesagt als getan. Und ich bin sicher, dass das in einer Ära scharfer ideologischer Differenzen umso mehr zutraf. Letztendlich bildete das Gewissen jedes einzelnen Teilnehmers aus Ost und West die moralische Grundlage der Pugwash-Konferenzen.

Diese Bewegung hat über viele Jahre hinweg außerordentliche Anstrengungen unternommen, um den Frieden in der Welt zu sichern. Die dritte Konferenz, die im September 1958 in Wien stattfand, ist ein gutes Beispiel dafür, auf welche Weise die Pugwash-Konferenzen versuchen, eine breite Öffentlichkeit mit ihren Themen und Zielen vertraut zu machen. Ich habe gehört, dass die »Wiener Deklaration«, die die Beschlüsse der Konferenz zusammenfasste, vor einer Versammlung von Bürgern verlesen wurde, bei der sogar der österreichische Bundespräsident als Beobachter zugegen war.

Rotblat: Ja. Die Konferenz fand in großem Stil statt. Über zehntausend Menschen waren in die Wiener Stadthalle gekommen, um zehn Wissenschaftler, darunter auch Bertrand Russell, zu hören. In dieser Atmosphäre wurde die Wiener Deklaration verabschiedet. Die Deklaration artikulierte die Prinzipien und Ziele der Konferenzen, einschließlich der Hoffnung, dass nicht nur alle Atomwaffen, sondern der Krieg als solcher abgeschafft würden. Nach der öffentlichen Verlesung wurde die Deklaration an viele Wissenschaftler in aller Welt gesandt; Tausende von Sympathisanten unterzeichneten sie.

Ikeda: Ich bin sehr beeindruckt von der Beharrlichkeit, mit der die Pugwash-Bewegung darauf insistiert, eine Welt ohne Krieg zu schaffen, auch wenn unser Ziel zunächst die Abschaffung der Atomwaffen ist.
Diesem Weg sind auch die Soka Gakkai und die Soka Gakkai International gefolgt. Übrigens, eine der Krisen, die die Pugwash-Konferenzen überstehen mussten, war die plötzliche Wiederaufnahme der sowjetischen Atomwaffentests unmittelbar vor der achten Pugwash-Konferenz. Diese Konferenz wurde im September 1961 in den USA abgehalten. Ein totales Scheitern wurde glücklicherweise durch die Geduld und Besonnenheit der Organisatoren der Konferenz und deren Teilnehmer verhindert.
Diese Episode festigte nur die allgemeine Überzeugung, die Professor Tomonaga mit folgenden Worten ausdrückte: »Welchen Schwierigkeiten wir uns auch stellen mussten, wir waren zutiefst davon überzeugt, dass es möglich und vor allem auch zwingend notwendig war, die Gespräche fortzusetzen.«
Diese Konferenz war also anscheinend der Wendepunkt, der die Bewegung mobilisierte, ernsthaft und ausdauernd

nach konkreten Möglichkeiten zur Vermeidung eines Atomkrieges zu suchen.

Die Logik der Abrüstung akzeptieren

Rotblat: Das ist richtig. Während des Kalten Krieges, als die Feindschaft zwischen dem Osten und dem Westen die Welt in einem »heißen Krieg« zu verschlingen drohte, bestand die wichtigste Funktion der Pugwash-Konferenzen darin, eine größere Krise abzuwenden. Unser Ziel war, einen Atomkrieg mit allen Mitteln zu verhindern und das atomare Wettrüsten zu beenden, das für die Spannungen verantwortlich war.

Der Abschluss eines Vertrags sollte die politische Lage entspannen. So verlangsamte beispielsweise der Vertrag über den teilweisen Stopp von Atomwaffentests (Partial Test Ban Treaty, PTBT), der trotz vieler Einschränkungen schließlich geschlossen wurde, das Wettrüsten. Eine entschlossene Rückkehr zu jenen Aktivitäten, deren Ziel die völlige Abschaffung von Atomwaffen war, musste jedoch bis zum Ende des Kalten Krieges warten.

Ikeda: Professor Rotblat, unsere erste Begegnung fand im Oktober 1989 statt, unmittelbar vor dem Fall der Mauer – jenes monumentalen Symbols für den Kalten Krieg.

Zu diesem Zeitpunkt machte die atomare Abrüstung keine erwähnenswerten Fortschritte, und das lag, wie Sie damals betonten, an der Unfähigkeit der Politiker, die Logik der Abrüstung zu begreifen oder zu akzeptieren.

Sie wiesen eindringlich darauf hin, wie wichtig es sei, den Glauben an die Wirksamkeit atomarer Abschreckung als

Trugschluss zu erkennen, denn es sei absurd, davon überzeugt zu sein, Atomwaffen könnten einen Krieg verhindern.
Ich war tief betroffen von Ihren Worten über die Tragödien der beiden Weltkriege. Sie warnten: »Krieg verwandelt Menschen in blindwütige Bestien. Sogar Wissenschaftler, die normalerweise absolut logisch denken, scheinen ihren Verstand zu verlieren, wenn ein Krieg ausbricht. Menschen, die jegliche Barbarei verabscheuen, handeln plötzlich barbarisch. Das ist der Wahnsinn des Krieges.«[3]

Rotblat: Ein Jahr nachdem ich die Leitung der Pugwash-Konferenzen übernommen hatte, reiste ich nach Japan, um an einem Symposium in Tokio teilzunehmen. Bei dieser Gelegenheit machten Sie uns eines der größten Komplimente, als Sie sagten: »Die Mitglieder der Pugwash-Bewegung versuchen, die Menschheit zu retten, indem sie ihr den richtigen Weg zeigen. Es gibt keine Mission oder Arbeit, die ehrenhafter wäre.«
Im Jahre 1993 veröffentlichten wir ein Buch mit dem Titel *A Nuclear-Weapon-Free World: Desirable? Feasible?*[4] (Ist eine atomwaffenfreie Welt wünschenswert und möglich?) als Antwort auf die Hoffnungen, die viele Menschen in die Pugwash-Bewegung setzten. Wir erklärten, dass es sich lohnt, für eine atomwaffenfreie Welt zu kämpfen und legten einen klaren und konkreten Plan zur Verwirklichung dieses Zieles vor.

Ikeda: Die japanische Ausgabe des Buches, das auf großes öffentliches Interesse stieß, erschien im Jahre 1995.
Die wichtigsten Erfolge der Pugwash-Konferenzen sind die folgenden: Wissenschaftlern mit einem ethischen Ge-

wissen Gehör verschafft zu haben, die breite, internationale Öffentlichkeit für die Themen Atomwaffen und Abrüstung zu interessieren und weiterhin nach effektiven Strategien zu suchen, das Atomwaffenproblem zu lösen.
Mein Mentor, Josei Toda, hat wiederholt betont, wie wichtig es ist, einen konkreten Plan vorzulegen, der die Menschheit zum Frieden führt. Er sagte: »Auch wenn dieses Ziel vielleicht nicht sofort erreicht wird, werden Ihre Bemühungen wie ein Zündfunke sein, und das warme Licht des Friedens wird sich ausbreiten. Leere Theorien sind nutzlos, aber ein klarer und konkreter Plan dient als Grundpfeiler für jene Struktur, die die Menschheit schützen wird.«
Jedes Jahr lege ich der Welt einen Friedensvorschlag vor, und die Worte meines Lehrers haben mich auf meiner Suche nach Lösungen für viele globale Probleme stets motiviert und angespornt.

Rotblat: Das ist wunderbar. Ich habe dieses Thema angeschnitten, als wir uns vor fünf Jahren in Okinawa trafen, und ich möchte an dieser Stelle, wie sooft, wiederholen, dass die Menschheit in eine extrem gefährliche Sackgasse geraten ist. Wir müssen uns irgendwie aus dieser Situation befreien.
Ich zähle auf Sie, Dr. Ikeda, und verlasse mich darauf, dass Sie die Führung übernehmen. Ich glaube, wir haben gar keine andere Wahl, als unsere Zukunft in die Hände jener Führungspersönlichkeiten zu legen, die in der Lage sind, das Ziel zu erreichen.

Ikeda: Als Schüler von Josei Toda, der aufrichtig auf die Erschaffung einer Welt ohne nukleare Bedrohung und Krieg hoffte, bin ich entschlossen, Ihrer freundlichen Auf-

forderung zu folgen, Professor Rotblat. Mit Taten, nicht nur mit Ideen.
Ich möchte gerne weiterhin gemeinsam mit Ihnen energisch für den Frieden kämpfen. Und ich glaube, dass nur eine aufgeklärte Öffentlichkeit den Krieg, dieses größte aller Übel, durch Gerechtigkeit und durch eine Allianz gleichgesinnter Menschen abschaffen kann.

2

Hiroshima und Nagasaki: eine Botschaft von Japans »Ground Zero« an die Welt

Ikeda: In diesem Sommer [2005] wurde Hiroshima als Veranstaltungsort für die alljährliche Hauptversammlung der Pugwash-Bewegung ausgewählt. Hiroshima hat natürlich eine besondere Bedeutung, denn hier begann das nukleare Zeitalter. Der dänische Physiker Niels Bohr bezeichnete den Ort als den »Ground Zero« der Menschheit, als eine ganz neue Situation, die eine Konfliktlösung durch Krieg völlig ausschließt.
Wir hoffen und erwarten, dass Hiroshima am 60. Jahrestag des Abwurfs der Atombombe und am 50. Jahrestag des Russell-Einstein-Manifestes eine eindringliche Friedensbotschaft in die Welt aussendet.

Rotblat: Ich bin wirklich sehr dankbar, dass Sie die enorme Bedeutung der Pugwash-Konferenzen erkennen. Unglücklicherweise ist es bei der Wiederaufnahme der Gespräche über den Nichtverbreitungsvertrag (NVV) oder Atomwaffensperrvertrag im Mai dieses Jahres [2005] in New York nicht gelungen, einen Konsens zwischen den Atommächten und den atomwaffenfreien Staaten herzustellen.

Ikeda: Diese Konferenzen finden alle fünf Jahre mit dem Ziel statt, die weitere Verbreitung von Atomwaffen zu stoppen. Das Scheitern der letzten Konferenz ist eine alarmierende Entwicklung, weil die gegenwärtige internationale Lage es dringend erfordert, dass die Komplexität des Problems und die sich anbahnende Krise hinsichtlich der Nuklearwaffen erkannt und ernst genommen werden.

Rotblat: Als langjähriger Teilnehmer an Konferenzen zum Thema Atomwaffen bin ich mir über die Bedeutung des Nichtverbreitungsvertrags (NVV) absolut im Klaren. Die gegenwärtige Krise ist die schlimmste in der Geschichte des Vertrags. Ich bin davon überzeugt, dass, solange die Atommächte nicht ernsthaft und in gegenseitigem Vertrauen die atomare Abrüstung in Angriff nehmen, das Problem der unkontrollierten Verbreitung von Atomwaffen nicht gelöst werden kann. Ich habe eine Botschaft an die Teilnehmer der letzten NVV-Konferenz gesandt, in der ich sie eindringlich gebeten habe, das auf »nuklearer Abschreckung« basierende überholte Sicherheitskonzept aufzugeben – zugunsten einer neuen Vision kollektiver Sicherheit, die auf Kooperation und der Anerkennung unseres gemeinsamen Zieles, dem Überleben der Menschheit, beruht.

Ikeda: Da stimme ich Ihnen völlig zu. Wenn der gegenwärtige Trend anhält, ist die Zukunft der Menschheit keineswegs gesichert. Das Atomzeitalter erfordert, dass wir unsere Wahrnehmung in Bezug auf »Sicherheit« ändern. Unsere politischen Führer müssen der Realität ins Auge blicken und dann entsprechend handeln.
In diesem Sinne bin ich der Ansicht, dass Japan als erstes Land, das die Tragödie eines Atomwaffeneinsatzes erlebte, sich weiterhin für den Frieden einsetzen und seine Stimme eindringlicher erheben muss.

Rotblat: Hiroshima und Nagasaki wurden zu Symbolen, die der Menschheit drastisch vor Augen führten, warum sie Atomwaffen generell abschaffen muss. Diese beiden Städte sind wie ein ewiges Mahnmal für die Menschheit.

Ikeda: Allerdings ist die Welt erstaunlich uninformiert im Hinblick auf die furchtbaren Geschehnisse von Hiroshima und Nagasaki. Wahrscheinlich erklären deshalb immer wieder viele Leute, ohne zu zögern, dass der Abwurf der Atombomben dazu beigetragen habe, vielen Menschen das Leben zu retten oder dass Atomwaffen dazu beitrügen, den Frieden zu sichern. Die tragische Wirklichkeit übersteigt die Vorstellungskraft dieser Leute allerdings bei Weitem. Und deshalb ist es meiner Meinung nach so wichtig, dass die Menschen genau wissen und verstehen, was an jenen Orten geschah. Mit diesem Ziel vor Augen hat die SGI die beiden Ausstellungen *Nuclear Arms: Threat to Our World* (Atomwaffen: Eine Bedrohung für unsere Welt) und *War and Peace* (Krieg und Frieden) im UN-Hauptquartier in New York sowie in Moskau, in Peking und in Neu-Delhi gezeigt. Wir wollten damit so vielen Menschen wie möglich den Horror und Wahnsinn des Einsatzes von Atomwaffen vor Augen führen.

Rotblat: Der jahrelange Einsatz der SGI gegen Atomwaffen und Krieg ist nicht hoch genug einzuschätzen.

Ikeda: Ich habe auch immer wieder hartnäckig darauf bestanden, dass alle politischen Führer der Welt, insbesondere die Führer der Atommächte, Hiroshima und Nagasaki besuchen. Meiner Ansicht nach sollten Gespräche über atomare Abrüstung in Hiroshima und Nagasaki stattfinden. Diese beiden Städte können uns eine Lektion über die tragischen Folgen jener vergangenen Ereignisse erteilen. Aber wir können daraus auch lernen, dass trotz solcher Zerstörung und solchem Grauen neue Hoffnung keimen kann.

Gandhi sagte einmal, die Kraft des menschlichen Geistes sei stärker als alle Atomwaffen. Die Art und Weise, in der die Menschen in Hiroshima und Nagasaki die Zerstörung und das Leid dieser beispiellosen Katastrophe überwunden und ihre Städte wieder aufgebaut haben, wird sicher Hoffnung in den Herzen vieler Menschen wecken. Davon war auch mein Freund, der berühmte amerikanische Journalist und Philosoph Norman Cousins überzeugt.

Rotblat: Ich habe Norman Cousins gekannt, und ich glaube, dass er recht hatte. Auch ich bin der Ansicht, dass Hiroshima und Nagasaki einerseits die unvorstellbare Zerstörungskraft eines Atomkrieges symbolisieren und andererseits so etwas wie Leuchtfeuer der Hoffnung und des Glaubens an die Zukunft sind. Die Einwohner dieser Städte begannen mit dem Wiederaufbau und kehrten trotz der totalen Zerstörung und der erlittenen Qualen zu ihrem Alltagsleben zurück. Natürlich war ihr Leben nicht dasselbe, wie vor der Katastrophe. Dennoch arbeiteten sie unermüdlich daran, ihre Städte und ihr Leben wieder aufzubauen. Die Menschen haben so die Kraft der Hoffnung bewiesen.

Ikeda: Professor Rotblat, Sie waren zunächst an dem amerikanischen Projekt zur Entwicklung von Atomwaffen, dem sogenannten Manhattan-Projekt, beteiligt, kehrten ihm dann aber entschlossen den Rücken. Deshalb möchte ich Sie fragen: Wo waren Sie am 6. August 1945, als Hiroshima von der Atombombe getroffen wurde? Und wie erfuhren Sie davon?

Die traurige Realität von Hiroshima

Rotblat: Ich lebte damals in England, in Liverpool. Zu diesem Zeitpunkt war ich schon aus dem Manhattan-Projekt ausgeschieden und hatte die USA verlassen. Bevor ich Ihnen etwas über diese Zeit berichte, möchte ich Ihnen zunächst den Ablauf der Ereignisse schildern, die letztendlich zu meiner Rückkehr nach England führten. Als ich damals ankündigte, nach England zurückkehren zu wollen, versuchten die Leute im Verteidigungsministerium, dies zu verhindern, indem sie Lügen über mich verbreiteten und mich beschuldigten, ich wolle nach England zurück, um Geheimnisse über die Atombombe an die Russen zu verraten.
Als klar wurde, dass man mich nicht daran hindern konnte, nach England zurückzukehren, stellte man mir eine Bedingung, die ich akzeptieren musste, um die USA verlassen zu dürfen. Diese Bedingung bestand darin, dass ich mit keinem meiner früheren Kollegen, mit denen ich in den Forschungslabors von Los Alamos zusammengearbeitet hatte, Kontakt aufnehmen durfte.

Ikeda: Mit »Kollegen« meinen Sie sicher diejenigen, die seinerzeit im Los Alamos National Laboratory in New Mexico die Atombombe entwickelten.

Rotblat: Ja. Alle Briefe wurden zensiert und in Kopie verwahrt, also sandte ich meinen früheren Kollegen natürlich keine Briefe. Ich fürchtete, sie dadurch in Gefahr zu bringen. So kam es, dass ich nach meinem Ausscheiden aus dem Projekt im Dezember 1944 keine Ahnung von den Vorgängen in Los Alamos hatte. In dieser Situation erfuhr ich über die BBC-Nachrichten von der Atomexplosion. Es war der 6. August 1945.

Ikeda: Was empfanden Sie, als Sie diese Nachricht hörten?

Rotblat: Ich war wie betäubt, stand unter Schock, denn ich hatte zu jener Zeit noch Hoffnung gehabt. Es war zwar nur eine schwache Hoffnung gewesen, doch ich hatte mir gewünscht, dass es den Amerikanern nicht gelingen würde, die Bombe wirklich zu bauen. Da die Forschungen ausschließlich auf theoretischen Berechnungen beruhten, dachte ich, die Sache würde in der Praxis vielleicht nicht funktionieren. Außerdem hoffte ich, dass man, selbst wenn es gelänge, eine funktionstüchtige Bombe herzustellen, diese nicht einsetzen würde – vor allem nicht gegen eine Zivilbevölkerung. Ich war der Annahme, dass man die Bombe zunächst an einem abgelegenen Ort, beispielsweise auf einer einsamen Insel, testen müsste. Und ich hoffte, dass die Amerikaner dann zu den Japanern sagen würden: »Schaut! Wir haben diese Superwaffe«, und dass der Krieg damit zu Ende sein würde.
Aber tragischerweise kam es dann ganz anders. Die erste Atombombe, die der Mensch entwickelt hatte, wurde auf eine Zivilbevölkerung abgeworfen.

Ikeda: Die Nachricht über den Abwurf der Atombombe wurde in den Labors von Los Alamos offiziell bekannt gegeben. Die Bekanntmachung lautete: »Soeben wurde einer unserer Explosivkörper in Japan erfolgreich zur Detonation gebracht.« In diesem Augenblick brach die gesamte Belegschaft von Los Alamos in Jubel aus. Doch bereits die Siegesfeier, die am selben Abend stattfand, wurde von einer düsteren Stimmung überschattet: Nachdem die erste Hochstimmung und das Erfolgsgefühl verflogen waren, blieben ein Gefühl der Reue und eine dunkle Vorahnung zurück. Das beschreibt, wie man später hörte, die allgemeine Stimmung, die an diesem Abend im Forschungslabor von Los Alamos herrschte.

Der Beginn des nuklearen Wettrüstens: »Ich bin zum Tod geworden ...«

Rotblat: Ich empfand tiefe Verzweiflung. Es war mehr als ein Schock. Ein Gefühl der absoluten Hoffnungslosigkeit ergriff ganz und gar Besitz von mir. Es war ein unbeschreiblicher Zustand, von dem ich mich erst nach sehr langer Zeit erholte, denn mir war klar, dass dieser Atombombenabwurf über Hiroshima nur der erste Schritt zu einem ausgedehnten Atomwaffenprogramm war. Ich wusste damals bereits von der Existenz der Wasserstoffbombe, aber das war topsecret. Ich hatte davon erfahren, weil mein Büro in Los Alamos direkt neben Edward Tellers Büro lag. Teller war jener Wissenschaftler, der die Wasserstoffbombe entwickelt hatte, und wir hatten oft miteinander gesprochen. Deshalb wusste ich, dass man als Nächstes eine Waffe mit tausendfacher Zerstörungskraft bauen würde.

In Los Alamos hatte ich oft Gelegenheit gehabt, mit dem berühmten Physiker Niels Bohr zu sprechen, den Sie vorhin erwähnten. Er hatte für den Fall, dass die USA die

Atombombe einsetzen würden, ein nukleares Wettrüsten vorausgesagt. Er war davon überzeugt, dass Russland eine eigene Bombe entwickeln, irgendwo testen und dann in einem Krieg einsetzen würde und dass die zunehmende Verbreitung von Atomwaffen schließlich zur Vernichtung der gesamten Menschheit führen könnte. All das beunruhigte mich zutiefst.

Ikeda: Am meisten schockierte mich die Tatsache, dass die Atomexplosion von denjenigen, die sie ausgelöst hatten, in einen religiösen Kontext gestellt wurde. Am 9. August betete der amerikanische Präsident Harry Truman: »Mein Gott, führe uns, damit wir sie [die Bombe] in Deinem Sinne und für Deine Zwecke einsetzen.« Und J. Robert Oppenheimer, der Leiter des Forschungslabors von Los Alamos, sagte nach dem Atombombentest in Alamogordo, New Mexico, die gewaltige Explosion habe ihn an einen Vers aus dem Hindu-Epos *Bhagavad Gita* erinnert: »Ich bin zum Tod geworden, zum Zerstörer der Welten …«
Mein erster Gedanke war, dass sich in diesen Aussagen ein tiefes Verständnis der historischen Bedeutung von Nuklearwaffen widerspiegelt. Aber diese Haltung hüllt – bewusst oder unbewusst – die Atomwaffen in einen undurchsichtigen spirituellen Schleier und nimmt den Anwender, der dieses Problem ja überhaupt erst geschaffen hat, nicht in die Verantwortung.
Müsste ich die Geschichte der Menschheit kategorisieren, würde ich eine Grenze zwischen dem prä-nuklearen und dem post-nuklearen Zeitalter ziehen – denn mit der Einführung von Atomwaffen rückte die totale Vernichtung der menschlichen Spezies zum ersten Mal in den Bereich des Vorstellbaren. Wir dürfen niemals die Tatsache aus

den Augen verlieren, dass Atomwaffen von Menschen entwickelt wurden.

Rotblat: Ich war davon besessen, einen Weg zu finden, die Vernichtung der Menschheit zu verhindern. Wenn ich heute zurückblicke, frage ich mich, wie ich je auf eine so verrückte Idee kommen konnte. Mit meiner wissenschaftlichen, analytischen Art zu denken, suchte ich nach einer Möglichkeit, die Forschungen im Bereich der Atomphysik zu stoppen. Ich wollte die Entwicklung der Wasserstoffbombe mit allen Mitteln verhindern. Und ich dachte, dass dieses Ziel zu erreichen wäre, wenn alle Wissenschaftler einwilligten, ihre Forschungen vorübergehend einzustellen.
Also begann ich, mit Wissenschaftlern Kontakt aufzunehmen – vor allem mit Physikern an englischen Universitäten –, um sie davon zu überzeugen, dass etwas getan werden musste, um die Vernichtung der Menschheit zu verhindern.

Der Mut, auszusteigen

Ikeda: Wie reagierten die Wissenschaftler auf Ihr Ansinnen?

Rotblat: Viele erkannten die Tragweite des Problems überhaupt nicht, und im Großen und Ganzen waren die Reaktionen sehr verhalten. Manche Physiker sympathisierten mit meinem Standpunkt, andere lehnten ihn strikt ab.
Interessanterweise standen diejenigen, die ihn am heftigsten ablehnten, eher auf der linken Seite des politischen

Tsunesaburo Makiguchi (rechts) und Josei Toda im Jahre 1930

Spektrums; sie liebäugelten stark mit der kommunistischen Philosophie. Sie argumentierten folgendermaßen: Würde man die Atomforschung nun einstellen, wäre die USA die einzige Atommacht – und damit würde dieses Land zur einzigen Supermacht »aufsteigen«. Man war der Ansicht, es sei das Beste, mit der völligen Einstellung der Kernforschung und der Entwicklung von Nuklearwaffen zu warten, bis auch Russland eine eigene Bombe entwickelt hätte. Dann könnte, so glaubte man, das Gleichgewicht der Kräfte aufrechterhalten werden. Aus diesem Grund gab ich damals auf. Mir wurde bewusst, dass es unmöglich sein würde, Forschungen auf diesem Gebiet ganz zu unterbinden und dass, realistisch betrachtet, alles auf die Ausweitung der weltweiten Kernforschung hindeutete.

Ikeda: Professor Rotblat, ich teile Ihr Gespür für die Dringlichkeit und Ihre tiefe Sorge vollständig. Sie wurden durch die Ereignisse auf jeden Fall zum Handeln motiviert. Der Wert eines Menschen misst sich nicht an seinen Gedanken, sondern an seinen Taten. Viele derjenigen, die am Atomwaffenforschungsprogramm in Los Alamos beteiligt waren, stürzten dadurch in einen inneren Konflikt und einige empfanden nach der Atomexplosion tiefe Reue. Aber Sie, Professor Rotblat, waren der Einzige, der wirklich nach seinen Überzeugungen handelte und aus dem Manhattan-Projekt ausstieg, bevor die Bombe fertiggestellt und abgeworfen wurde.
Ich kann mir vorstellen, wie viel Mut es Sie gekostet haben muss, sich während des Krieges gegen militärische und politische Autoritäten zu stellen. Die Soka Gakkai widersetzte sich dem japanischen Militarismus während des Zweiten Weltkrieges. Dafür musste Tsunesaburo Makiguchi, unser erster Präsident, im Gefängnis sterben und Josei Toda, der zweite Präsident, wurde für zwei Jahre inhaftiert.

Die Sichtbarmachung der atomaren Bedrohung

Rotblat: Ja, ich kenne die Geschichte der Soka Gakkai. Mir persönlich machte die Atombombe nicht nur Angst, sondern ich fragte mich, ob ein Überleben der menschlichen Spezies nun überhaupt noch möglich war. Aber dadurch wuchs auch meine Entschlossenheit, mich für den Rest meines Lebens mit aller Kraft dafür einzusetzen, dass nie wieder eine Atombombe abgeworfen würde.
Ich gründete also die »Atomic Scientists' Association«

(Vereinigung der Atomwissenschaftler) in England, um Naturwissenschaftler für einen organisierten Kampf gegen den Einsatz von Atomwaffen zu gewinnen. Das war im Jahre 1946. Ich wurde Vizepräsident der Organisation, der sich viele Wissenschaftler anschlossen. Als Nächstes sah ich mich gezwungen, die Öffentlichkeit im großen Stil über die Realität von Atomwaffen aufzuklären, denn der Durchschnittsbürger hatte überhaupt keine Vorstellung von den Gefahren und der Bedrohung, die von Nuklearwaffen ausgingen.
Ich steckte meine Energie in die Organisation von Ausstellungen, die die friedliche Nutzung der Kernenergie sowie ihren Missbrauch durch destruktive militärische Aktionen anschaulich darstellten.

Ikeda: Man sagt ja, dass visuelles Lernen eine gute Methode ist, um alle notwendigen Informationen auf einen Blick zu erfassen. So betrachtet sind Ausstellungen wirklich eine gute Möglichkeit, die Öffentlichkeit aufzuklären. In einer Zeit, in der es noch nicht so viele visuelle Medien gab wie heute, traf das sicher noch mehr zu.
Die SGI hat mit ihren Ausstellungen *Nuclear Arms: Threat to Our World* und *War and Peace*, die in vielen Ländern gezeigt wurden, ihr Möglichstes getan, um die Öffentlichkeit zu informieren und für eine Welt ohne Krieg sowie die Abschaffung von Atomwaffen einzutreten. Welche Art von Ausstellungen haben Sie organisiert, Professor Rotblat?

Rotblat: Ich habe mich um die finanziellen Mittel für eine Wanderausstellung gekümmert, die in zwei Zugwaggons transportiert wurde. Wir nannten sie den *Atomzug*. Bei dieser Ausstellung gab es eine Vorrichtung, mit der man den Detonationsmechanismus einer Atombombe demonstrieren konnte. Das war unser erster Versuch, Informationen zu vermitteln und die Öffentlichkeit aufzuklären. Mit dem Ausstellungszug tourten wir zunächst über die Britischen Inseln und dann durch ganz Europa. Wir kamen bis in den Mittleren Osten und verkauften über 53 000 Exemplare unserer *Atomzug*-Broschüre.

Ikeda: Was für ein Abenteuer! Sie sagten, dass Sie sich mit ganzer Kraft für das Wohl der Menschheit einsetzen wollten. Deshalb kehrten Sie der Atomphysik den Rücken und schlugen einen ganz anderen Weg ein und entschieden sich für das Fachgebiet der Nuklearmedizin. Die Entwicklung der Nuklearmedizin in England ist nicht zuletzt Ihren Bemühungen zu verdanken. Soweit ich weiß, wird das von Ihnen entdeckte radioaktive Element Kobalt-60 noch heute für die Behandlung bösartiger Tumore genutzt.

Von der Bombe verraten: die Hinwendung zur Medizin

Rotblat: Irgendwie fühlte ich mich von der Atombombe verraten. Ich sah mich als einen Naturwissenschaftler, der für das Wohl der Menschheit arbeitete und nicht nach ihrer Vernichtung strebte. Ich habe deshalb in der Nukleartechnologie geforscht, weil ich den Einsatz solcher Waffen verhindern wollte – denn die Nazis stellten eine große Bedrohung für die Welt dar. Man mag das als schwaches Argument betrachten, aber dies war der Grund für meine Teilnahme an diesem Forschungsprojekt. Schlussendlich wurden dann trotzdem Atomwaffen eingesetzt.

Eines wurde mir damals klar: Für den Fall, dass meine wissenschaftlichen Forschungsergebnisse allgemein zugänglich wären, wollte ich zumindest selbst über ihre Verwendung entscheiden und mit eigenen Augen sehen, dass sie zum Wohle der Menschen eingesetzt werden. Eine solche Möglichkeit sah ich im medizinischen Bereich. Die Kernphysik kam ja in verschiedenen medizinischen Bereichen zum Einsatz, und so entschloss ich mich, meine Arbeit auf dem Gebiet der Atomphysik einzustellen und mich auf die medizinische Anwendung der Physik zu spezialisieren.

Ikeda: Ich verstehe. Mir ist jetzt klar, wie es dazu kam, dass die Bombardierung von Hiroshima zum Auslöser für diese dramatische Wende in Ihrem Leben wurde. Sie haben Hiroshima und Nagasaki besucht. Wann waren Sie zum ersten Mal in Hiroshima? Und warum unternahmen Sie damals diese Reise?

Rotblat: Mein erster Besuch fand im Jahre 1967 statt. Ich traf mich mit vielen Leuten, unter anderem mit dem Bürgermeister von Hiroshima, und nahm außerdem an einer wichtigen Konferenz teil. Damals war der Wiederaufbau der Stadt noch nicht abgeschlossen und man sah hier und da noch Reste von zerbombten Häusern. Ich besuchte auch eines dieser skelettartigen Gebäude: den Atom-Dom. Es war ein großer Schock. Meine damalige Reise nach Hiroshima hatte verschiedene Gründe, und einer davon war mein Wunsch, mit eigenen Augen zu sehen, welche Zerstörung in dieser Stadt angerichtet worden war. Ich wollte dazu beitragen, etwas in der Welt zu verändern, sodass es kein »Zweites Hiroshima« geben würde. Ein anderer Grund hatte mit meinem beruflichen Arbeitsfeld zu tun.

Ich erwähnte ja bereits, dass ich mich der Anwendung der Physik im medizinischen Bereich zugewandt hatte. In dieser Zeit begann ich also, die Auswirkungen von Strahlung auf den menschlichen Körper zu untersuchen, wobei mich speziell die Langzeitwirkungen, insbesondere im Hinblick auf die Entstehung von Krebs, interessierten.
Ich besuchte also verschiedene Forschungsinstitute, aber auch Kliniken, in denen Opfer des Atombombenabwurfs behandelt wurden. Außerdem engagierte ich mich in amerikanischen und japanischen Hilfsprojekten für Atombombenopfer und führte Untersuchungen über die Auswirkungen von Atomstrahlung durch. Ich betrachtete es als äußerst wichtig, diese Zusammenhänge zu beleuchten.

Ikeda: Haben Sie das Gefühl, dass Hiroshima Ihre Wahrnehmung der Dinge irgendwie verändert hat?

Rotblat: Absolut. Nachdem ich die verheerenden Zerstörungen in Hiroshima mit eigenen Augen gesehen hatte, konnte ich anderen Menschen viel klarer und eindringlicher vermitteln, welches ungeheure Leid durch Atomwaffen verursacht wird.
Als ich die Fotos im Peace Memorial Museum betrachtete, konnte ich kaum die Tränen zurückhalten. Seither habe ich immer wieder darauf gedrängt, dass das Museum auch in anderen Städten Dauerausstellungen einrichtet. Eine solche Ausstellung sollte es in jeder Stadt geben, um die Menschen ständig an die entsetzliche Bedrohung durch die Atombombe zu erinnern. Ich habe die ganze Welt bereist, um diese Idee zu verbreiten.
Darüber hinaus habe ich mich in Bildungsprojekten engagiert. In den vergangenen Jahren habe ich hauptsäch-

lich Ausstellungen organisiert, auf Konferenzen Vorträge und programmatische Reden gehalten und mein Möglichstes getan, um den Einsatz von Atomwaffen zu verhindern.

Ikeda: Welche Lehren sollten die Menschen Ihrer Meinung nach heute aus Hiroshima und Nagasaki ziehen?

Rotblat: Ich habe eine ziemlich umfassende Vorstellung von dem, was die Menschen zur Schaffung einer besseren Welt beitragen können. Das schließt Bemühungen zur Abschaffung der Atomwaffen ein, geht aber noch weit darüber hinaus. Mit anderen Worten: Ich glaube, dass wir auf eine Welt hinarbeiten müssen, in der es überhaupt keine Kriege mehr gibt. Ich persönlich habe mir zwei Ziele im Leben gesetzt, ein kurzfristiges und ein langfristiges. Mein kurzfristiges Ziel ist die vollständige Abschaffung der Atomwaffen und das langfristige ist die Abschaffung des Krieges selbst. Ich glaube nicht, dass ich die Verwirklichung auch nur eines meiner Ziele noch miterleben werde, aber ich bin davon überzeugt, dass sie letztendlich realisiert werden.

Unsere Verantwortung im Hinblick auf Vergangenheit, Gegenwart und Zukunft

Ikeda: Es ist unsere Pflicht als Bürger des 21. Jahrhunderts, auf eine Welt ohne Krieg hinzuarbeiten. Zunächst einmal haben wir eine Verantwortung in Bezug auf die Vergangenheit. Wir leben mit dem Wissen, dass im 20. Jahrhundert über einhundert Millionen Menschen

Kriegen zum Opfer gefallen sind. Diesen Menschen gegenüber haben wir eine Verantwortung. Zweitens müssen wir über unsere Verantwortung in Bezug auf die Gegenwart nachdenken. In unserer heutigen Welt leben Millionen und Abermillionen von Menschen in bitterer Armut am Rande des Hungertodes. Kriege vergrößern diese Probleme und ziehen außerdem immer neue Kriege nach sich. Die Menschheit muss diesen Teufelskreis durchbrechen.

Drittens möchte ich auf unsere Verantwortung für die Zukunft hinweisen. In unserer heutigen Welt beschwören Kriege und Aufrüstung nicht nur die Gefahr eines Atomkrieges herauf, sondern sie bedrohen die Menschheit auch durch die massive Zerstörung von Lebensräumen auf globaler Ebene. Käme es zu einem Atomkrieg, stünde das Überleben der gesamten Menschheit auf dem Spiel.

Viele Leute sind der Meinung, das Russell-Einstein-Manifest sei ein Aufruf zur Abschaffung von Atomwaffen, aber in Wirklichkeit tritt es für die Abschaffung des Krieges selbst ein.

»Werden wir dem Menschengeschlecht den Untergang bereiten?«

Rotblat: Selbst wenn es uns gelänge, alle Atomwaffen zu vernichten, bliebe das Wissen um ihre Herstellung erhalten, denn es ist unmöglich, dieses Wissen aus dem Gedächtnis der Menschheit zu löschen. Auch wenn wir also eine Welt ohne Atomwaffen schaffen könnten, würden bei Ausbruch eines Konfliktes zwischen den Supermächten früher oder später wieder neue Nuklearwaffen entwickelt und hergestellt, und wir hätten wieder dieselbe Situation wie während des Kalten Krieges. Deshalb ist es mit der Abschaffung der Atomwaffen nicht getan.

Noch mehr beunruhigt mich allerdings der Gedanke, dass die Atombombe nicht die letzte Waffe sein wird, die Wissenschaftler entwickeln. Fortschritte in der Forschung werden die Entwicklung neuer Waffensysteme ermöglichen, die eine noch höhere zerstörerische Kraft besitzen. Solange also die Menschen nicht lernen, miteinander zu leben, ohne Konflikte mit Krieg lösen zu wollen, sind wir nicht sicher. Aus diesem Grund wurde im Russell-Einstein-Manifest eine Frage gestellt, die vielleicht ein wenig radikal wirkt: »Werden wir dem Menschengeschlecht den Untergang bereiten oder wird die Menschheit auf Krieg verzichten?« Wir können dieser Frage nicht ausweichen.

Ikeda: Der gegenwärtige Trend geht übrigens in die Richtung, Atomwaffen ins Arsenal der modernen Waffensysteme zu integrieren. Ich bin sehr beunruhigt über diese Entwicklung, die sich auch in der Herstellung immer kleinerer Atomwaffen widerspiegelt. Die Entwicklung von Atomwaffen war ursprünglich die Antwort auf die Bedrohung durch die Nazis, doch später wurde dieses Argument auf die Sowjetunion ausgedehnt und spielte schließlich eine verheerende Rolle, denn es beinhaltete »massive Vergeltung« (»Massive Retaliation«) und sogar die »beiderseitige Bereitschaft zum nuklearen Gegenschlag« (»Mutually Assured Destruction« oder MAD).

Das Ende des Kalten Krieges bot eine einmalige Gelegenheit, das nukleare Zeitalter ein für alle Mal zu beenden, aber die Atommächte waren nicht bereit, auf ihre Nuklearwaffen zu verzichten, und sie ziehen heute sogar deren

Einsatz in konventionellen Kriegen in Betracht. Mit anderen Worten, Atomwaffen existieren nicht länger aus Notwendigkeit. Man könnte eher sagen, dass es Leute gibt, die es nötig haben, die Existenz von Atomwaffen zu rechtfertigen, indem sie ein überzeugendes Argument dafür finden.
Hinter diesem unlogischen Szenario steht, wie Sie häufig sagen, eine hartnäckige »Kriegskultur«, in der militärische Macht immer gewaltigere militärische Instrumente hervorbringt.

Rotblat: Es ist unmöglich, zu siegen, indem man Böses mit Bösem bekämpft. Es ist unsinnig, Krieg durch Kriegsdrohungen vermeiden zu wollen. Wir müssen lernen, unsere Konflikte zu lösen, ohne auf militärische Mittel zurückzugreifen. Wir dürfen der menschlichen Zivilisation, diesem erstaunlichen und wunderbaren Ergebnis einer Entwicklung von Jahrmillionen, kein vorzeitiges und tragisches Ende bereiten.

Ikeda: Angesichts der rauen Wirklichkeit der internationalen Lage gibt es Stimmen, die behaupten, dass die generelle Abschaffung von Atomwaffen unmöglich sei. Diese Leute begehen allerdings den Fehler, die Zukunft auf der Basis der gegenwärtigen Gegebenheiten vorauszusagen.
Wie Sie oft erwähnen, waren Frankreich und Deutschland in der Zeit vor dem Zweiten Weltkrieg erbitterte Feinde, und heute bilden diese beiden Länder gemeinsam den Kern der Europäischen Union. Es gab im Laufe der Geschichte viele solcher Beispiele. Eine unserer menschlichen Schwächen besteht darin, stets davon auszugehen, dass sich die Realität, die wir jetzt vor Augen haben, in

Zukunft unverändert fortsetzen wird. Wir dürfen niemals vergessen, dass der Erfolg der Bewegung zur Abschaffung der Atomwaffen von nichts anderem als dem menschlichen Willen abhängt.

3

Lebendige Geschichte: überleben und lernen, während die Welt im Chaos versinkt

Ikeda: Professor Rotblat, Sie wurden am 4. November 1908 geboren und sind im wahrsten Sinne des Wortes ein Überlebender jener Stürme, die im Laufe des 20. Jahrhunderts um Sie herum tobten. Sie sind ein herausragender Wissenschaftler und der wunderbare Weg Ihres Lebens, das Sie dem Kampf für den Frieden widmeten, ist ein wertvolles Vorbild für die Jugend im 21. Jahrhundert.
Ich würde mit Ihnen gerne auch über Ihre Kindheitserinnerungen und Ihre schwierigen Jahre als junger Erwachsener sprechen. Soweit ich weiß, kamen Sie in Warschau (Polen) zur Welt, nicht wahr?

Eine polnische Kindheit, eine gestohlene Kindheit

Rotblat: Ja. Als ich geboren wurde, stand Warschau noch unter der Herrschaft des zaristischen Russland. Vor über einhundert Jahren war Polen in drei Teile aufgeteilt, die jeweils dem Hoheitsgebiet von Russland, Deutschland (Preußen) und Österreich zugeschlagen worden waren.

Ikeda: Die erste Teilung Polens durch die damaligen Weltmächte fand im Jahre 1772 statt. Seither wurden die Landesgrenzen Polens noch häufig verschoben, was dazu führte, dass die polnische Bevölkerung immer wieder unter großen Härten zu leiden hatte und sogar als »Volk ohne Land« bezeichnet wurde. Trotz dieser mehr als einhundert Jahre dauernden Fremdherrschaft haben die Menschen in Polen nie wirklich ihre Volksseele verloren. Der Stolz auf ihre Kultur und Nation hat sie durch diese Phase getragen. Polen hat beispielsweise viele großartige Künstler hervorgebracht, wie Frédéric Chopin (1810–1849) und den Dichter Adam Mickiewicz (1798–1855).

Rotblat: Obwohl das polnische Volk als Ganzes schwere Zeiten durchmachen musste, war meine Familie relativ wohlhabend, und meine frühe Kindheit ist mir als glückliche Zeit in Erinnerung geblieben. Doch als ich fünf Jahre alt war, fand diese sorgenfreie Kindheit ein jähes Ende.

Der Erste Weltkrieg war ausgebrochen, und meine Familie wurde mit äußerst schwierigen Umständen konfrontiert. Unser Familienunternehmen wurde durch den Krieg praktisch vernichtet. Mein Vater war Fuhrunternehmer und besaß viele Pferde und Pferdewagen. Damals waren die meisten seiner Kunden Finnen. Doch schon bald nach Kriegsbeginn besetzte die deutsche Wehrmacht Polen, und die wirtschaftlichen Bedingungen verschlechterten sich derart, dass mein Vater praktisch keine Aufträge mehr bekam. Außerdem hatte die deutsche Armee alle seine Pferde konfisziert. Meine Familie verlor also alles, einschließlich der Mittel, mit denen sie ihren Lebensunterhalt verdiente. Und es gab damals natürlich keine Versicherung oder Entschädigung.

Nach dem Ersten Weltkrieg wurde Polen unabhängig, doch meine Familie hat sich von diesem vernichtenden Schlag nie wieder erholt.

Ikeda: Es ist wirklich tragisch, dass Ihre schöne Kindheit und Ihr glückliches Familienleben so plötzlich zerstört wurden.

Rotblat: Manchmal drückte meine Mutter jedem von uns zwei Scheiben Brot in die Hand und sagte: »Das ist eure Essensration für heute.« Und das waren die guten Tage, denn manchmal hatten wir tagelang überhaupt nichts zu essen. Die Lebensmittel waren rationiert und wir mussten in langen Schlangen stundenlang anstehen, um auch nur ein bisschen Brot zu ergattern. Die Gesellschaft versank im Chaos, es grassierten die verschiedensten Krankheiten und die Kinder waren immer hungrig. Diese Umstände waren natürlich prägend für meine weitere Entwicklung.
Aber wir litten nicht nur ständig unter Hunger und Kälte, sondern wir mussten auch unter katastrophalen hygienischen Bedingungen hausen. So fing ich mir nahezu alle Kinderkrankheiten ein, die es gibt. Und damals waren Kinderkrankheiten äußerst gefährlich.

Ikeda: Auch mir wurde die Kindheit vom Zweiten Weltkrieg gestohlen, als alles wie in eine dunkle Wolke gehüllt schien. Als ich neun Jahre alt war, wurde zunächst mein ältester Bruder zum Militärdienst eingezogen, und meine drei anderen Brüder folgten ihm – einer nach dem anderen. Ich blieb mit meinen kleineren Geschwistern und meinen alternden Eltern zurück. Mein Vater litt unter schwerem Rheuma und so wurde mir praktisch die Ver-

antwortung für die Familie aufgebürdet, aber das war eine gewaltige Aufgabe, denn ich war ein schwächlicher Junge und litt unter Lungenproblemen.
Der Tod meines ältesten Bruders, der meinen Eltern früher eine große Stütze gewesen war, traf meine Familie besonders hart. Er starb im Januar 1945 an der Front in Burma, genau einen Tag nach seinem Geburtstag. Ich werde nie vergessen, wie verzweifelt und traurig meine Mutter war, als sie zwei Jahre nach Kriegsende die Nachricht vom Tode meines ältesten Bruders erhielt. In diesem Moment entflammte in meinem Herzen der Zorn gegen jeden Militarismus und gegen den Krieg.

Die Vorstellungskraft schafft eine alternative Wirklichkeit

Rotblat: Ich weiß genau, was Sie meinen. Mir war schon als Kind bewusst, dass der Krieg das Schlimmste ist, was der Mensch anrichten kann. Während dieser dunklen Jahre der Unterdrückung bestand meine einzige Freude darin, mich in eine wirklichkeitsfremde Science-Fiction-Welt zu flüchten. Das Elend und die tragischen Umstände meines Lebens veranlassten mich umso mehr, nach einer alternativen Wirklichkeit zu suchen, einer Welt, die nichts mit meiner gegenwärtigen harten Realität zu tun hatte, einer anderen Welt, die ich mir mithilfe meiner Vorstellungskraft nach Herzenslust erschaffen konnte.
Ganz besonders fesselten mich die Werke von Jules Verne (1828 – 1905), durch die wohl auch mein Interesse an den Naturwissenschaften geweckt wurde.

Ikeda: Seine Bücher *20000 Meilen unter dem Meer* und *In 80 Tagen um die Welt* sind Klassiker, die auch heute noch viele begeisterte Leser in Japan finden.

Rotblat: Das ist wunderbar. Viele Dinge, die Jules Verne sich vorstellte, wurden Jahre später Realität, wie beispielsweise das Fernsehen oder die Mondlandung. Damals wurden seine Ideen allerdings in die Welt der reinen Fantasie verwiesen.

Ikeda: Es ist bekannt, dass Konstantin Ziolkowski, (1857–1935), der Vater der russischen Luft- und Raumfahrt, stark von Jules Vernes Science-Fiction-Erzählungen über die Reise zum Mond beeinflusst war. Es zeigt sich also, welch starke und langfristige Auswirkung unsere Kindheitsträume auf unser Leben haben.
In jüngeren Jahren war ich Chefredakteur einer Zeitschrift für Kinder. Der Krieg war gerade vorbei und es herrschte ein allgemeiner Zustand der Verwirrung und Not. Ich widmete mich mit ganzer Kraft diesem Projekt, denn ich wollte vielen Kindern, deren Alltag so hart war, die Gelegenheit geben, große Hoffnungen und Träume zu entwickeln. Ich wollte ihren Überlebenswillen stärken. Ich bat die besten zeitgenössischen Autoren um Beiträge und stellte einige der großartigsten Werke der Weltliteratur vor, einschließlich Biografien, Science-Fiction-Erzählungen und Texte aus der Welt der Wissenschaft. Wir druckten in dieser Zeitschrift auch viele Bilder ab, auf denen erfreuliche und glückliche Momente festgehalten waren.

Rotblat: Ich höre heute zum ersten Mal von Ihren Bemühungen, eine inspirierende Zeitschrift für Kinder und Jugendliche zu gestalten.

Ikeda: Ich habe viele kostbare Erinnerungen an diese Zeit. Auch ich war als Kind ein begeisterter Leser – zum Teil, weil ich damals häufig krank war.
Während des Krieges konnte ich nicht so viel lesen, wie ich wollte, aber als ich anfing, in einer Munitionsfabrik zu arbeiten, setzte ich mich während der Mittagspause immer auf den Rasen vor dem Fabrikgebäude und las. Das war eines meiner seltenen und kostbaren Vergnügen. Heute werden die Kinder von der Unterhaltungsindustrie mit unzähligen Produkten überschüttet, und Lesen gilt als überholt. Aber in meiner Kindheit gab es ja kaum etwas anderes als Bücher, was vielleicht erklärt, warum wir sie und das, was sie uns geben konnten, so sehr zu schätzen wussten.

Die Augen öffneten sich für die Möglichkeiten der Naturwissenschaft

Rotblat: Das stimmt. Ich selbst entdeckte als Jugendlicher beim Lesen mein Interesse an naturwissenschaftlichen Themen und Zusammenhängen. Damals sagte ich mir: »Wenn die Naturwissenschaft etwas so Großartiges und Verheißungsvolles ist, warum sind diese Science-Fiction-Geschichten dann nur Fantasie? Ich bin sicher, dass das Potenzial der Wissenschaft zum Wohle der Welt und der Menschheit genutzt werden kann.«
Damals begann ich die Naturwissenschaft nicht nur als Möglichkeit zur Entdeckung der Wahrheit zu begreifen, sondern auch als Werkzeug zur Rettung der Menschheit. Ich war zuversichtlich, dass man mithilfe der Wissenschaft eine Welt schaffen könnte, in der Kriege überflüssig wären, das Leiden der Menschen gelindert würde und alle

glücklich sein könnten. Eigentlich bin ich Naturwissenschaftler geworden, um etwas zum Wohle der Menschheit beizutragen.

Ikeda: Ich glaube, jetzt verstehe ich, aus welcher Quelle Ihr unermüdlicher Einsatz für den Frieden und die Menschlichkeit gespeist wird.

Rotblat: Es war gar nicht so einfach, Naturwissenschaftler zu werden. Um einen Studienplatz zu bekommen, musste man natürlich zunächst einmal das Abitur erwerben und die Aufnahmeprüfung der Universität bestehen. Unglücklicherweise hatten meine Eltern nicht genügend Geld, um mir eine Ausbildung an einer höheren Schule zu ermöglichen. So musste ich mir schon in sehr jungen Jahren selbst meinen Lebensunterhalt verdienen. Ich war schon mit 15 Jahren finanziell unabhängig und hatte mir fest vorgenommen, für mich allein zu lernen, sollte es mir nicht möglich sein, irgendwann ein Gymnasium zu besuchen. Damals begann ich, tagsüber als Elektriker zu arbeiten und nachts Physik zu studieren.

Ikeda: Sie müssen als junger Mensch wirklich eine sehr schwere Zeit durchgemacht haben, doch heute sind Sie ein weltberühmter Atomphysiker. Ich bin überzeugt, dass Ihre inspirierende Geschichte vielen jungen Menschen Mut machen wird.
Mir erging es ähnlich: Nach dem Krieg hatte meine Familie nicht genügend Geld, um mich in eine reguläre Schule zu schicken, also besuchte ich eine Abendschule und arbeitete tagsüber. Man kann es zwar Schule nennen, aber in Tokio war damals gerade der Krieg zu Ende gegangen: Dieses Gebäude war nicht mehr als eine Ruine, die er-

staunlicherweise nicht eingestürzt war. Im Winter blies der kalte Wind durch die zerbrochenen Fensterscheiben und in den Klassenzimmern schaukelten nackte Glühbirnen hin und her. Trotzdem hätte ich um nichts in der Welt auf die Freude, lernen zu dürfen, verzichten wollen.
Während meiner Zeit auf der Abendschule begegnete ich einem wunderbaren Lehrer. Und diese Begegnung wurde zum wichtigsten Ereignis in meinem Leben. Er ermutigte mich mit den Worten: »Durch Widerstände werden wir stark. Ein Mensch muss seine Ideale leben und darf nicht die Hoffnung verlieren.«
Was Sie von Ihrer Jugend erzählten, erinnerte mich an viele Dinge, die ich in meinen Abendkursen gelernt hatte.

Rotblat: Ich bekam dann schließlich einen Studienplatz an der Freien Universität von Polen in Warschau. Das war vor allem eine Universität für Berufstätige, weshalb die Vorlesungen in den Abendstunden stattfanden. An dieser Universität begegnete ich Dr. Ludwik Wertenstein. Er war der Leiter des physikalischen Instituts und hatte bei Madame Curie studiert.

Ein Lehrer, an den man glauben kann

Ikeda: Professor Rotblat, hatten Sie je Gelegenheit, Madame Curie zu treffen?

Rotblat: Ja. Das war etwas später, aber ich begegnete ihr nur einmal, kurz vor ihrem Tod. Es war auch ein großes Glück, dass ich als junger Student Dr. Wertenstein begegnet bin. Damals gab es in Polen kaum Radiologen oder Physiker. Dr. Wertenstein war der Leiter des radiologischen

Labors von Warschau und forschte über Radioaktivität. Er war zu jener Zeit einer der wenigen Wissenschaftler weltweit, die auf diesem Gebiet forschten. Dr. Wertenstein war aber nicht nur ein herausragender Naturwissenschaftler, sondern auch ein wirklich feiner Mensch, der Anerkennung als großer Humanist verdient hat. Ich bin diesem Mann zu tiefem Dank verpflichtet. Er unterrichtete mich in Physik und Atomphysik, vermittelte mir die Grundlagen des wissenschaftlichen Forschens und lehrte mich darüber hinaus, wie wichtig es ist, als Naturwissenschaftler ethische Werte hochzuhalten. Es war wahrhaftig ein Segen, solch einen Lehrer zu haben. Ich konnte ihn als Forscher, als Ausbilder und vor allem als Mensch respektieren.

Ikeda: Es gibt kein größeres Glück im Leben, als einem großartigen Mentor zu begegnen. Meinen Mentor – Josei Toda – traf ich mit neunzehn Jahren, direkt nach dem Krieg. Waren Sie nicht auch in diesem Alter, als Sie Ihrem Lehrer Dr. Wertenstein begegneten? Während des Krieges wurde Mr. Toda verfolgt und inhaftiert. Diese Tatsache war äußerst wichtig für mich, denn ich hatte jegliches Vertrauen in all diese verantwortungslosen Erwachsenen und Intellektuellen verloren, die während des Krieges dem Militär gefolgt waren und nach dem Krieg sofort ihr Fähnchen in den Wind hängten und sich plötzlich in Antimilitaristen und »Friedenstauben« verwandelten. Ich war mir sicher, dass ich Josei Toda vertrauen konnte, denn hier war ein Mensch, der an seinen Überzeugungen festgehalten hatte und dafür sogar ins Gefängnis gegangen war. Vom ersten Moment an fühlte ich mich stark von seiner Persönlichkeit angezogen.
Viele Jahre später gründete ich das Toda Institut für Welt-

frieden und Politikforschung. Es war ein großes Privileg, dass wir Ihnen, Professor Rotblat, den ersten Preis für Friedensforschung verleihen konnten. Josei Toda wurde im Jahre 1900 geboren, er gehört also derselben Generation an wie Sie. Aus diesem Grund bewegte mich die Preisverleihung umso mehr.

Rotblat: Auch ich fühlte mich sehr geehrt. Josei Toda war ein heroischer Kämpfer, ein Märtyrer für den Frieden. Ich bedaure sehr, dass ich ihm nie begegnet bin.

Ikeda: Das Toda Institut, dessen eigentliches Thema der Dialog der Kulturen ist, hat Josei Todas leidenschaftliches Streben nach Frieden fortgesetzt, indem es Forschungsprojekte durchführt, die die Abschaffung von Atomwaffen und den Aufbau des Weltfriedens zum Ziel haben.

Rotblat: Das Toda Institut hat sich in kurzer Zeit als wichtige Kraft in den Bereichen Bildung, Forschung sowie Öffentlichkeitsarbeit etabliert. Ich habe großen Respekt vor den Leistungen des Toda Instituts.
Dr. Wertenstein unterstützte mich ununterbrochen. Im Jahre 1932 erwarb ich meinen Universitätsabschluss, und danach half er mir, eine Stelle im Forschungsinstitut zu bekommen. Ich bekam einen Hungerlohn, aber ich konnte zumindest mit der wissenschaftlichen Forschungsarbeit beginnen. Das war der Anfang meiner Reise in die Welt der Naturwissenschaft, eine Reise, die für mich immer noch weitergeht.

Ikeda: Im Jahre 1939 gingen Sie nach England und begannen mit Ihrer Forschungsarbeit an der University of Liverpool.

Rotblat: Dr. Wertenstein hatte mir diese Stelle im Ausland verschafft. 1934 hatte ich ein neues radioaktives Element, das Kobalt-60, entdeckt. Dadurch wurde mein Name in wissenschaftlichen Kreisen bekannt, und ich erhielt Einladungen von zwei Forschungslaboratorien.
Eine kam vom Institut Frédéric Joliet-Curie in Paris. Wie Sie sicher wissen, ist Joliet der Ehemann von Madame Curies Tochter Irène. Dieses Forscherpaar erhielt später den Nobelpreis für die Entdeckung der künstlichen Radioaktivität, und ihr Forschungslabor in Paris wurde zu einer renommierten Adresse für Wissenschaftler aus aller Welt.

Ikeda: Übrigens, da wir gerade von Madame Curie sprechen – im Garten des von mir gegründeten Soka Women's College steht eine Statue von Marie Curie mit einem Glaskolben in der Hand.
Vor sieben Jahren [1998] besuchte Ellen, die Enkelin von Madame Curie, während ihrer Japanreise unseren Campus und plauderte einige Zeit mit unseren Studentinnen. Die Studentinnen waren ganz begeistert von diesem Besuch.

Rotblat: Das freut mich sehr. Es war sicher eine sehr beeindruckende Begegnung für diese jungen Studentinnen.
Die zweite Einladung erhielt ich von Professor James Chadwick von der University of Liverpool. Professor Chadwick war damals sehr bekannt aufgrund seiner Entdeckung des Neutrons.

Ikeda: Sie waren also hin und her gerissen zwischen Frankreich und England?

Rotblat: Um ehrlich zu sein, diese Entscheidung bereitete mir viele schlaflose Nächte. Auf meine Französischkenntnisse konnte ich bis zu einem gewissen Grad vertrauen, und Paris übte durchaus eine gewisse Anziehung auf mich aus, aber am Ende entschied ich mich dann doch für Liverpool.
Meine Entscheidung wurde sicher auch von der Tatsache beeinflusst, dass Professor Chadwick damals gerade ein Zyklotron baute, einen Ionenbeschleuniger, mit dem man Atomkerne beschießt. So ein Gerät wollte ich auch in Polen bauen, und deshalb beschloss ich, nach England zu gehen und bei Professor Chadwick zu lernen. Das einzige Problem war, dass ich zwar englische Texte lesen, aber kaum eine Unterhaltung auf Englisch führen konnte. Und zu allem Überfluss sprachen die Leute in Liverpool kein gewöhnliches Englisch. Es war wie eine eigene Sprache und ich war anfangs ziemlich desorientiert.
Zu Beginn meiner Studienzeit in England erhielt ich ein Jahresstipendium von 120 Pfund. Damit konnte man damals, wenn man sehr sparsam lebte, gerade den Lebensunterhalt für eine Person bestreiten, und aus Polen durften nur sehr begrenzte Mengen Geld ausgeführt werden. Mein Geld reichte also nicht für zwei Personen, und deshalb musste meine Frau Tola in Polen bleiben.

Ikeda: Ihr Leben als Wissenschaftler muss damals in England sehr schwierig gewesen sein. Gab es irgendeinen Moment, in dem Sie Ihre Arbeit dort aufgeben und nach Polen zurückkehren wollten?

Rotblat: Es war nie so schlimm, dass ich aufgeben und nach Polen zurückgehen wollte, doch ich dachte darüber nach, an das andere Forschungsinstitut nach Paris zu gehen. Ich schrieb Tola, dass ich ernsthaft überlegte, einen anderen Weg einzuschlagen und an das Pariser Institut zu wechseln, und sie schrieb zurück: »Wenn du das tust, wirst du es dein Leben lang bereuen. Versuche also durchzuhalten und dein Bestes zu geben.«
Ich hörte auf den Rat meiner Frau und stürzte mich in die Arbeit. So hatte ich bereits nach ein paar Monaten einige bedeutsame Forschungsergebnisse vorzuweisen, was dazu führte, dass mein Stipendium für das darauffolgende Jahr erneuert wurde. Ich erhielt wieder 120 Pfund. Es war eine sehr begehrte Auszeichnung und ich war der erste Ausländer, der sie je erhalten hatte.

Ikeda: Ihre Frau muss überglücklich gewesen sein.

Rotblat: Als ich erfuhr, dass ich wieder ein Stipendium erhalten würde, beschloss ich sofort, meine Frau nach England zu holen. Ich kehrte also im August 1939 noch einmal nach Warschau zurück. Aber kurz vor unserer Abreise nach England erkrankte Tola an akuter Blinddarmentzündung und musste sofort operiert werden. Nach der Operation verbot ihr der Arzt, die lange Zugreise nach England anzutreten, und den Luxus einer Flugreise konnten sich damals nur sehr reiche Leute leisten. Ich musste nach Liverpool zurückkehren, also machte ich mich allein auf die Reise, und meine Frau sollte so bald wie möglich nachkommen.

Ikeda: Dann wurden Sie durch schicksalhafte Ereignisse voneinander getrennt.

Rotblat: Ja. Ich traf am 30. August 1939 in Liverpool ein. Zwei Tage später, am 1. September, marschierten Hitlers Truppen in Polen ein.

Ikeda: Und das war der Beginn des Zweiten Weltkrieges.

Rotblat: Es vergingen mehrere Monate, bis ich wieder Kontakt mit meiner Frau aufnehmen konnte. Dank des Internationalen Komitees vom Roten Kreuz konnten wir miteinander korrespondieren. Sobald der briefliche Kontakt hergestellt war, bemühte ich mich, Tola umgehend nach England zu holen. Mr. Arnold McNair, der Vizekanzler der University of Liverpool, versuchte, uns zu helfen. Er schlug vor, meine Frau solle in ein neutrales Land ausreisen, wo man ihr einen britischen Pass ausstellen könne. Auf Anraten von Professor Chadwick schrieb ich außerdem einen Brief an Professor Niels Bohr, der in Kopenhagen lebte.

Ikeda: Zu diesem Zeitpunkt hatten die Nazis Professor Bohr schon im Visier, aber obwohl befreundete Wissenschaftler und Bekannte versuchten, ihn zur Flucht in ein sicheres Land zu überreden, blieb er in Kopenhagen und konnte so viele Menschenleben retten.

Rotblat: Niels Bohr war ein großartiger Mensch, so freundlich und rücksichtsvoll. Er teilte mir mit, dass er ein Transitvisum für Tola beantragt hatte. Unglücklicherweise wurde Dänemark kurz darauf ebenfalls von den Nazis besetzt. Daraufhin verfolgte ich eine andere Strategie. Ich versuchte, den Pass für Tola in Belgien ausstellen zu lassen und bat meinen Cousin, der in Brüssel lebte, um Hilfe. Doch die Bearbeitung des Antrags dauerte in Belgien unglaublich lange und als der Vorgang fast abgeschlossen war, griffen die Deutschen auch Belgien an.

Ikeda: In kürzester Zeit überrannten die Nazis ganz Europa.

Rotblat: Ja. Die dritte Strategie bestand darin, dass Tola versuchen sollte, über Italien herauszukommen. Ich zählte auf die Hilfe der Toeplitz', einer sehr einflussreichen Familie in Mailand. Es waren Verwandte von Dr. Wertenstein. Italien gehörte zwar dem Dreierpakt an (der Achse Rom-Berlin-Tokio), aber es hatte noch keine formelle Kriegserklärung abgegeben. Tola sollte mit dem Zug von Polen über die Tschechoslowakei und Österreich nach Italien fahren. Wenn sie es bis dahin schaffen würde, müsste es ihr auch gelingen, nach England zu kommen. Die Familie Toeplitz konnte ihr ein Visum besorgen. Alle Vorbereitungen waren getroffen, als ich im Juni 1940 die Nachricht erhielt, dass Tola tatsächlich den Zug zur italienischen Grenze bestiegen hatte.

Ikeda: Inzwischen war fast ein Jahr vergangen, seit Sie nach Polen zurückgekehrt waren, um Ihre Frau nach England zu holen. Das muss ein sehr, sehr langes Jahr für Sie gewesen sein.

Rotblat: Unglücklicherweise erhielt ich die Nachricht, dass meine Frau die Reise angetreten hatte, just zu dem Zeitpunkt, als wir erfuhren, dass Mussolini England den Krieg erklärt hatte. Eine Zeit lang klammerte ich mich

noch an die Hoffnung, es würde meiner Frau, da sie ja bereits ein Visum hatte, irgendwie doch noch gelingen, nach Italien einzureisen. Von dort hätte sie auf jeden Fall leichter entkommen können als aus Polen.
Die Wartezeit erschien mir wie eine Ewigkeit. Nach sehr langer Zeit erhielt ich dann einen Brief. Er war in Warschau aufgegeben worden. Man hatte meine Frau daran gehindert, die Grenze zu passieren, sie hatte Polen also gar nicht verlassen können. Ende 1940 erhielt ich einen weiteren Brief von meiner Frau und danach hörte ich überhaupt nichts mehr.

Ikeda: Was für eine herzzerreißende Geschichte. Sie haben bisher noch nie öffentlich über diese Einzelheiten aus Ihrer Vergangenheit gesprochen. Wahrscheinlich hatten Sie diese Erinnerungen tief in Ihrem Herzen vergraben. Ich kann nur versuchen, mir Ihren Schmerz und Ihre Trauer vorzustellen. Als Buddhist bete ich dafür, dass Ihre Frau in Frieden ruhen möge.

Rotblat: Das war die traurigste und schlimmste Erfahrung meines Lebens. Stalin hat einmal gesagt: »Der Tod eines einzelnen Menschen ist eine Tragödie, Millionen Tote sind Statistik.« So gesehen ist der Tod meiner Frau auch eine statistische Größe. Ihr Tod wurde zur Statistik, denn sie war einer von sechs Millionen Menschen, die während des Zweiten Weltkriegs in Polen umkamen.
Ironischerweise arbeitete ich zu dieser Zeit an der Entwicklung eines Waffensystems mit, das diese Todesrate um ein Vielfaches erhöhen konnte.

Ikeda: Professor Rotblat, Sie haben in Ihrem eigenen Namen, aber auch im Namen Ihrer Frau, für den Frieden

gekämpft. Ich bin sicher, dass sie in Ihrem Herzen immer bei Ihnen war und Sie inspiriert und ermutigt hat.
In einem Vorwort, das Sie freundlicherweise für einen meiner Gedichtbände schrieben, kommen Ihr Abscheu vor dem Krieg und Ihr leidenschaftlicher Wunsch nach Frieden deutlich zum Ausdruck. Sie schreiben:

> Hin und wieder waren im Lauf der Geschichte einige kostbare Stimmen zu hören, die nach Gerechtigkeit riefen. Aber jetzt müssen sich diese Stimmen mehr denn je über den Lärm von Hass und Gewalt erheben… Soll das neue Jahrhundert ein Jahrhundert des Friedens werden, wollen wir die Ängste und Tragödien hinter uns lassen, die so viele Narben auf dieser Welt hinterlassen haben, dann müssen wir uns wieder auf das Kostbare am menschlichen Sein und am Leben besinnen.[1]

Inzwischen nähern wir uns dem sechzigsten Jahr nach Kriegsende. Wir erinnern uns an die schrecklichen und grausamen Lektionen des Krieges und erkennen, dass wir diesen tragischen Teufelskreis von Krieg und Gewalt durchbrechen müssen. Es berührt mich zutiefst und ich fühle mich geehrt, gemeinsam mit Ihnen und anderen meine Stimme für die Gerechtigkeit zu erheben, um die Menschen in eine Ära des Friedens und der harmonischen Koexistenz aller Völker der Welt zu geleiten.

4

Das Gewissen eines Atomphysikers: die Abkehr vom Manhattan-Projekt

Ikeda: Während des Zweiten Weltkrieges arbeiteten viele Wissenschaftler am Manhattan-Projekt mit, um in den USA Atomwaffen zu entwickeln, aber Sie, Professor Rotblat, waren als Einziger davon überzeugt, dass es den Deutschen nicht gelingen würde, eine Atombombe zu bauen, und so kehrten Sie dem Projekt aus eigenem Entschluss den Rücken, bevor die Entwicklung der Bombe abgeschlossen war.

Rotblat: Die Teilnahme an den Forschungsaktivitäten des Manhattan-Projekts war eine sehr traumatische Erfahrung. Einige Mitarbeiter litten ihr Leben lang unter den Folgen dieser Erfahrung, und ich war einer von ihnen.
Wie Sie bereits erwähnten, erwarb ich meinen Universitätsabschluss in Atomphysik im Jahre 1932. Wenn wir auf die Geschichte der Naturwissenschaft zurückblicken, war dies ein sehr bedeutsames Jahr, denn es wurden in rascher Folge mehrere wichtige Entdeckungen gemacht. James Chadwick, der mich später nach England einlud, entdeckte das Neutron, Harold Clayton Urey entdeckte den schweren Wasserstoff und Ernest Lawrence erfand das Zyklotron. Alle drei Wissenschaftler waren am Manhattan-Projekt beteiligt.

Vom persönlichen Standpunkt aus betrachtet: die Morgendämmerung der Atomphysik

Ikeda: Sie begannen mit Ihrer Forschungsarbeit also tatsächlich in der Morgendämmerung der Atomphysik.

Rotblat: Das stimmt. Wie ich bereits erwähnte, nahm ich nach meinem Universitätsabschluss meine Forschungen im Radiologischen Institut der Universität Warschau bei Dr. Ludwik Wertenstein auf. Einige Jahre später, 1939, war die Kernphysik dann an einem wichtigen Wendepunkt angelangt.
Das entscheidende Ereignis war die Entdeckung der Fission, also der Spaltung des Atomkerns. Vergleichbar mit der Zellteilung einer Pflanze, ließ sich der Kern eines Atoms in zwei kleine Atomkerne spalten. Dieses Phänomen war für die meisten Wissenschaftler eine Überraschung, und für die Menschheit war es natürlich aufgrund der dabei freigesetzten ungeheuren Energiemenge von größter Bedeutung.

Ikeda: Auch Sie erfuhren diese Neuigkeit sehr bald.

Rotblat: Ich hörte im Januar 1939 erstmals von der Spaltung eines Atomkerns. Unmittelbar danach veröffentlichten die Deutschen Lise Meitner und Otto Frisch ihre Studie in einer wissenschaftlichen Zeitschrift. Nachdem ich von dieser Entdeckung erfahren hatte, verifizierte ich sie mit einem eigenen Experiment, bei dem ich feststellte, dass sich Atome spalten lassen, wenn man den Atomkern mit Neutronen beschießt, wobei eine Menge weiterer Neutronen frei werden. Aus diesem Prozess lässt sich Energie gewinnen, indem man die Kettenreaktion verlangsamt und steuert. So funktionieren beispielsweise Kernreaktoren. Ich sagte jedoch voraus, dass die gespaltenen Atomkerne, wenn diese Kettenreaktion in sehr kurzer Zeit stattfände, eine riesige Energiemenge von ungeheurer Sprengkraft freisetzen würden.

Ikeda: Wollen Sie damit sagen, dass Sie zu diesem Zeitpunkt bereits vorhersahen, dass man die Kernspaltung zur Herstellung von Waffen nutzen würde?

Rotblat: Ja, aber ich versuchte diesen Gedanken sofort wieder zu verdrängen. Man könnte das vielleicht mit dem Verhalten eines unheilbar kranken Menschen vergleichen, der sich hartnäckig weigert, die ersten Symptome der Krankheit wahrzunehmen.
Doch meine Beunruhigung angesichts des Ausmaßes der Bedrohung blieb. Ich war sicher, dass irgendjemand diese Idee aufgreifen und versuchen würde, sie sich auf diese Weise zunutze zu machen. Aber nicht einmal in meinen wildesten Fantasien konnte ich mir vorstellen, mich selbst an einem solchen Projekt zu beteiligen. Schließlich war ich mit humanistischen Werten aufgewachsen und stets der Überzeugung gewesen, dass sich die Wissenschaft in den Dienst der Menschheit stellen müsse. Allein schon der Gedanke, dass ich mein Wissen benutzen könnte, um die Herstellung einer so furchtbaren Waffe zu ermöglichen, erfüllte mich mit Entsetzen.

Ikeda: Haben Sie diese Gedanken je irgendjemandem mitgeteilt oder haben Sie andere Menschen um Rat gefragt?

Rotblat: Nein. Eine Zeit lang sprach ich mit niemandem darüber. Kurz darauf entschloss ich mich, nach England

zu gehen, und war so beschäftigt mit den Vorbereitungen, dass die atomare Bedrohung in meinen Gedanken in den Hintergrund trat. Dennoch fragte ich mich voller Sorge, was geschehen würde, wenn die Nazis die Atombombe entwickelten. Aufgrund von Hitlers unverhohlenem Anspruch auf die Weltherrschaft war ich davon überzeugt, dass die Nazis, sollte es ihnen gelingen, die Bombe zu bauen, diese auch einsetzen würden.
Kurz nach meiner Ankunft in England erschien in einer deutschen Zeitschrift ein Artikel über die Nutzung von Atomkraft für militärische Zwecke. Der Artikel wurde im Juni veröffentlicht. Von da an wuchs meine Sorge von Tag zu Tag.

Ikeda: Natürlich. Für Sie wurde es immer wahrscheinlicher, dass die Deutschen die Atombombe entwickeln würden.

Rotblat: Ja. Wie ich bereits bei unserem letzten Gespräch erwähnte, kehrte ich im Jahre 1939 für einen kurzen Besuch nach Polen zurück. Damals besuchte ich Dr. Wertenstein und vertraute ihm meine Befürchtungen an. Ich zeigte ihm die groben Berechnungen und sprach mit ihm über die atomare Bedrohung. Er schien noch gar nicht darüber nachgedacht zu haben, doch er sagte, dass das von mir beschriebene Szenario theoretisch möglich sei. Als ich ihn fragte, ob die Herstellung von Atomwaffen seiner Meinung nach erlaubt werden sollte, erwiderte er: »Ich persönlich würde nicht an einem solchen Projekt teilnehmen.« Dr. Wertenstein war ein Mann, der ungeachtet der äußeren Umstände zu seinen Überzeugungen stand.
Ich hatte gehofft, dass er mir helfen würde, herauszufin-

den, wie ich mit dieser ganzen Angelegenheit umgehen sollte, aber er sagte nur, dass ich letztendlich meine eigenen Entscheidungen treffen müsse. Also beschloss ich, mich von meinem Gewissen leiten zu lassen.

Ikeda: Zu diesem Zeitpunkt begannen auch einige Physiker anderer Länder die neuen Entdeckungen im Bereich der Kernphysik mit der Herstellung von Waffen auf der Basis von Atomenergie in Verbindung zu bringen. Leó Szilárd – der ungarische Physiker, der den berühmten Einstein-Brief verfasste, in welchem er die US-Regierung zur Aufnahme eines Atomforschungsprogramms drängte – und andere Wissenschaftler wurden aktiv, um die deutsche Bedrohung abzuwehren. Szilárd arbeitete am Manhattan-Projekt mit, war jedoch gegen den Abwurf der Bombe auf Hiroshima. Nach dem Krieg engagierte er sich wie Sie bei den Pugwash-Konferenzen.

Rotblat: Der Auslöser für meine Entscheidung, mich an der Entwicklung der Atombombe zu beteiligen, war Hitlers Einmarsch in Polen. Ich war entsetzt über die brutale militärische Gewalt, mit der Hitlers Wehrmacht Panik unter der Bevölkerung verbreitete, und hatte das Gefühl, dass es nur eine Möglichkeit gab, die Deutschen am Einsatz der Atombombe zu hindern: Wir mussten eine eigene haben und, wenn nötig, mit Vergeltung drohen. Aber ich hätte nie gedacht, dass wir tatsächlich eine Atombombe gegen die Nazis oder irgendjemand anders einsetzen würden.

Ikeda: Sie beschreiben das zuvor erwähnte Prinzip der »atomaren Abschreckung«, nicht wahr?

Rotblat: Das ist richtig. Rückblickend sehe ich allerdings, wie unsinnig diese Idee war, denn Drohungen hätten einen Psychopathen wie Hitler nicht im Geringsten beeindruckt. Wäre er im Besitz einer Atomwaffe gewesen, hätte er sie höchstwahrscheinlich eingesetzt, obwohl er wusste, dass er damit einen massiven Vergeltungsschlag provozieren würde.
Zu dieser Zeit gab es kaum noch Spitzenphysiker an der University of Liverpool, denn die meisten waren zur Mitarbeit an der Entwicklung der aufkommenden Radartechnik verpflichtet worden. Radar wurde damals als die ausschlaggebende Technologie der modernen Kriegführung betrachtet. Einer ihrer ersten Erfolge bestand darin, dass mit ihrer Hilfe eine deutsche Invasion Englands verhindert werden konnte.

Ikeda: Ihre Schilderungen machen deutlich, wie aufgeladen die Atmosphäre damals war.

Rotblat: Ende Oktober 1939 legte ich Professor Chadwick einen Forschungsplan vor, um die Entwicklung der Atombombe zu unterstützen. Chadwick gab mir keine klare Antwort auf meinen Vorschlag. Später erfuhr ich, dass andere britische Wissenschaftler etwa zur gleichen Zeit dieselbe Idee gehabt hatten und ähnliche Forschungsprojekte in die Wege leiten wollten. Offenbar hatten der bereits erwähnte Otto Frisch und der im Exil lebende Wissenschaftler Rudolf Peierls an der University of Birmingham bereits mit solchen Untersuchungen begonnen. Chadwick bewahrte allerdings absolutes Stillschweigen über diese Aktivitäten, sodass ich erst viel später davon erfuhr. Einige Tage nachdem ich mit ihm über diese Angelegenheit gesprochen hatte, erteilte er mir die Erlaubnis, mein Forschungsprojekt zu starten und teilte mir zwei junge Assistenten zu. So konnte ich Ende des Jahres 1939 mit meinen Experimenten beginnen.

Manhattan, MAUD und andere Projekte zur Entwicklung einer Atombombe

Ikeda: Das bedeutet also, dass Sie Ihr nukleares Forschungsprogramm im Jahre 1939 starteten, also noch vor dem Manhattan-Projekt, das in den USA durchgeführt wurde.

Rotblat: Ja. In den USA war man damals der Ansicht, es sei aufgrund ungelöster technischer Probleme unmöglich, eine Atombombe zu bauen. Außerdem lag der Schwerpunkt dort auf der Erforschung der Nutzungsmöglichkeiten der Atomenergie in Kernreaktoren und nicht auf der Entwicklung einer Atombombe. Die University of Chicago war Vorreiter in diesem Forschungsgebiet.
Man kann also mit Fug und Recht behaupten, dass die Atomwaffenforschung in England ihren Anfang nahm.

Ikeda: Ja. Das Forscherteam um Enrico Fermi experimentierte an der University of Chicago mit einem kleinen Kernreaktor, den die Wissenschaftler in den unterirdischen Squash-Anlagen der Universität gebaut hatten. Im Dezember 1942 gelang es ihnen, die erste stabile nukleare Kettenreaktion auszulösen. Wie Sie bereits sagten, konzentrierten sich die amerikanischen Forschungen zunächst auf die friedliche Nutzung der Kernenergie, wurden dann aber schließlich mit der Entwicklung einer Atombombe verknüpft.

Rotblat: Ja. Enrico Fermi war ebenfalls am Manhattan-Projekt beteiligt.

Ikeda: Im Januar 1975 besuchte ich übrigens die University of Chicago. Ich war ganz überrascht, als ich dort ein Denkmal entdeckte, das an die Entwicklung der Kernenergie erinnern sollte und das man in die hinterste Ecke des Campus verbannt hatte. Zufällig hatte ich eine Woche zuvor das UN-Hauptquartier in New York besucht und dem UN-Generalsekretär eine Petition mit zehn Millionen Unterschriften überreicht, in der die generelle Abschaffung von Atomwaffen gefordert wurde.
Jedenfalls führten Sie in England entsprechende Untersuchungen durch, und es dauerte nicht lange, bis Sie nach Amerika gingen, um am Manhattan-Projekt mitzuarbeiten. Bitte erzählen Sie, was Sie damals bewog, sich an diesem Projekt zu beteiligen.

Rotblat: Ich arbeitete damals eng mit Otto Frisch und anderen Wissenschaftlern von der University of Birmingham zusammen. Im Jahre 1941 gelang es uns, theoretisch nachzuweisen, dass die Herstellung einer Atombombe möglich war. Der englische Codename des Projekts lautete MAUD (oder MAUD-Komitee). Die britischen Wissenschaftler mussten ihre Forschungen unter Kriegsbedingungen durchführen, das heißt, sie waren täglich deutschen Luftangriffen ausgesetzt und es mangelte an Geld sowie an der notwendigen Ausstattung für ein solches Forschungsprojekt.
In dieser Situation ließ Mark Oliphant, ein Physiker der University of Birmingham, bei einem Amerikabesuch einige Informationen über das MAUD-Projekt durchsickern. Das und einige andere Faktoren führten dazu,

dass nun auch die USA offiziell ein Projekt zur Herstellung einer Atombombe starteten. Robert Oppenheimer wurde zum Leiter des Projekts ernannt, das bald Manhattan-Projekt genannt wurde. Die Forschungsarbeiten wurden in Los Alamos, im Norden Mexikos, durchgeführt, wo man ein Forschungslabor errichtete.
Dann, im August 1943, vereinbarten der US-Präsident Franklin D. Roosevelt und der britische Premierminister Winston Churchill bei einem Treffen in Québec, Kanada, dass britische Wissenschaftler am Manhattan-Projekt mitarbeiten sollten. Professor Chadwick wurde zum Leiter des britischen Forscherteams ernannt.

Ikeda: Ich verstehe. Sie wurden also von Professor Chadwick ins Manhattan-Projekt geholt.

Rotblat: Ja. Professor Chadwick und die anderen machten sich Ende 1943 auf die Reise nach Amerika, aber ich kam erst einen Monat später nach, im Januar 1944. Keiner von uns kannte allerdings bei der Abreise den Zielort in den USA. Man sagte uns nur, wir würden an einen Ort namens »Y« reisen. Erst nach unserer Ankunft in Washington, D.C. erklärte man uns, dass das »Y« für Los Alamos in New Mexico stand.

Ikeda: Und heute spielt das National Laboratory in Los Alamos eine wichtige Rolle in der Atomwaffenindustrie. Wie würden Sie den Ort beschreiben, wenn Sie sich zurückerinnern?

Rotblat: Wir durften niemandem in England mitteilen, wo wir uns aufhielten. Wenn wir jemandem schreiben wollten, wurde der Brief zunächst nach Washington, D.C.

an einen Repräsentanten des britischen Forscherteams gesandt und dann von dort abgeschickt. Für private Korrespondenz mussten wir eine Postfachadresse in Santa Fe, New Mexico, angeben. Da alle Briefe zensiert wurden, mussten wir sie ungeöffnet in der Poststelle zur Inspektion abgeben.
Genau genommen ist eine solche Zensur natürlich illegal. Einige Wissenschaftler versuchten, die Zensur zu überlisten. Dick Feynman, ein junger Wissenschaftler, der später den Nobelpreis erhielt, ging dabei besonders geschickt vor.

Die Atombombe als politische Waffe: ein Vertrauensbruch

Ikeda: Ich höre heute zum ersten Mal von diesen Dingen. Es muss wohl eine besondere Herausforderung gewesen sein, in einem solchen Umfeld zu arbeiten. Berühmte Wissenschaftler aus aller Welt, von denen einige bereits den Nobelpreis erhalten hatten und andere ihn später verliehen bekamen, arbeiteten gemeinsam am Manhattan-Projekt. Es schaudert mich bei dem Gedanken, dass die brillantesten Köpfe der Wissenschaft zusammengekommen waren, um eine Waffe zu entwickeln, die die ganze Menschheit auslöschen könnte. Das macht den Wahnsinn des Krieges für mich noch deutlicher.

Rotblat: Im März 1944 kam für mich ein entscheidender Moment. Damals wohnte ich in Professor Chadwicks Haus, und gelegentlich kam General Leslie Groves, der das Manhattan-Projekt unter sich hatte, zu Besuch. Bei unseren Gesprächen gab er auch manchmal etwas vom

neuesten Tratsch zum Besten, der gerade in Militärkreisen kursierte. So erzählte er uns einmal, das eigentliche Ziel der Bombe sei natürlich die Unterwerfung der Sowjetunion. Er sagte das vielleicht nicht mit denselben Worten, doch wir verstanden sehr gut, was er meinte.
Ich hatte das Gefühl, betrogen worden zu sein, das Gefühl, dass die USA ihren Verbündeten gegenüber einen Vertrauensbruch begangen hatten. Der General machte diese Bemerkung, während Tausende russischer Soldaten Tag für Tag an der Ostfront starben, um die deutsche Wehrmacht zurückzuschlagen und für die Alliierten Zeit zu gewinnen, damit diese ihre Landung auf dem europäischen Kontinent vorbereiten konnten.

Ikeda: Das sind wichtige historische Fakten. Die Worte des Generals öffneten Ihnen also die Augen über die wahren Absichten der US-Führung im Hinblick auf die Verwendung der Atombombe.

Rotblat: Ja. Bis zu diesem Zeitpunkt hatte ich es als meine Pflicht betrachtet, meine Untersuchungen und Experimente fortzusetzen, um einen Sieg der Nazis zu verhindern. Aber nun begriff ich, dass die Waffe, die wir entwickelten, für andere Zwecke gedacht war. Sie sollte als strategische politische Waffe gegen Menschen eingesetzt werden, die für uns ungeheure Opfer brachten. Ich behaupte nicht, dass alle Amerikaner der Ansicht waren, wir sollten die Atombombe entwickeln, um die Sowjetunion zu übervorteilen, doch auf der höchsten Führungsebene des amerikanischen Militärs befürworteten sicher viele diesen Weg.
Nach General Groves' aufschlussreichen Worten hatte ich zunehmend das Gefühl, aus den falschen Gründen in

Los Alamos zu sein. Es war, als ob mir der Boden unter den Füßen weggezogen würde. Hinzu kam, dass sich die Kriegslage Mitte 1944 geändert hatte und die deutsche Wehrmacht allmählich den Rückzug antrat.

Ikeda: Eines der bedeutendsten Ereignisse des Kriegsjahres 1944 war der Durchbruch der Sowjetarmee in Stalingrad, der es im Januar gelungen war, die 900-tägige Belagerung der Deutschen zu beenden. Im Mai desselben Jahres zogen sich die deutschen Truppen dann von der Krim zurück. Am 6. Juni begann die Operation Overlord, die Teil der Normandie-Invasion war, und innerhalb von 90 Tagen eroberten die Alliierten ganz Frankreich von den Nazis zurück. An der Pazifikfront waren die Japaner 1944 mit ihrer Imphal-Offensive gescheitert und im Juli wurden die japanischen Truppen in Saipan vernichtend geschlagen. Die Anzeichen für eine japanische Niederlage häuften sich.

Raffinierte Lügen und politischer Druck

Rotblat: Mir dämmerte allmählich, dass es den Deutschen nicht gelingen würde, die Atombombe zu bauen, wenn wir damit bereits in den USA Probleme hatten. Meine Entscheidung fiel im Oktober, als Professor Chadwick die neuesten Informationen des Geheimdienstes erhielt, welche bestätigten, dass die Deutschen ihr Atomwaffenprogramm abgebrochen hatten.
In diesem Moment wurde mir klar, dass es für mich absolut keinen Grund gab, meine Arbeit am National Laboratory in Los Alamos fortzusetzen. Ich reichte sofort mein Kündigungsgesuch ein und bat um die Erlaubnis, nach England zurückzukehren.

Ikeda: Das hört sich einfach an, aber in Wirklichkeit war es eine sehr mutige Entscheidung. Ihr Ausstieg aus dem Manhattan-Projekt machte Sie in den Augen von Geheimdienstmitarbeitern verdächtig und gefährdete Ihre Zukunft. Schließlich hatten Sie Zugang zu Informationen der höchsten Geheimhaltungsstufe. Wie ich hörte, legte man Ihnen damals zunächst Steine in den Weg.

Rotblat: Das kann man wohl sagen. Das Projekt unterstand der Kontrolle der Militärs, und es hätte durchaus passieren können, dass man mich gegen meinen Willen in eine psychiatrische Anstalt einliefert.
Ich reichte also mein Entlassungsgesuch ein und erhielt nach einer Weile eine sehr beunruhigende Antwort von Professor Chadwick. Als er dem Geheimdienstoffizier in Los Alamos mein Gesuch übergab, hatte dieser, so Chadwick, ihm ein Dossier gezeigt, das angeblich stichhaltige Beweise enthielt, die mich überführen und für lange Zeit ins Gefängnis bringen würden. Mit anderen Worten, der Geheimdienst hielt mich für einen Spion. Dem Dossier zufolge hätte ich bereits mit bestimmten Kontaktpersonen in Santa Fe Vorbereitungen getroffen, um zunächst nach England zurückzukehren und dann mit einem Fallschirm über dem von den Russen kontrollierten Polen abzuspringen und den Sowjets Geheimnisse über die Atombombe zu verraten.
Ich hatte zwar tatsächlich mit Leuten in Santa Fe korrespondiert, doch die Behauptung, ich hätte mit ihnen irgendwelche »Pläne« geschmiedet, entbehrte jeder Grundlage. Als ich jeden einzelnen Vorwurf in diesem Geheimdienstbericht entkräften konnte, war natürlich klar, dass die ganze Geschichte frei erfunden war.

Ikeda: So ist es nun einmal mit unbegründeten Gerüchten. Sie klingen überzeugend, werden absichtlich verbreitet und sollen ehrliche Leute in Misskredit bringen. Solch übler Nachrede muss man immer sofort entgegentreten. In solchen Momenten muss man laut und mutig die Wahrheit sagen, nach dem Ursprung und den Beweisen der Gerüchte fragen. Sonst fängt die Geschichte an, ein Eigenleben zu führen.

Rotblat: Für den Leiter des Geheimdienstes war das natürlich eine sehr peinliche Situation, als die Intrige aufgedeckt wurde. Er musste zugeben, dass das Dossier eine Fälschung war. Dennoch nahm er mir das Versprechen ab, mit niemandem über die wahren Gründe für meinen Ausstieg aus dem Manhattan-Projekt zu sprechen. Er befürchtete, dass meine Geschichte Unruhe unter den anderen Wissenschaftlern stiften würde. Ich sprach dann mit Professor Chadwick und wir kamen überein, den Leuten zu erzählen, dass ich aus persönlichen Gründen abreisen würde, weil ich mir Sorgen um meine Frau in Polen machte.

Ikeda: War es in Wirklichkeit nicht so, dass Sie zu diesem Zeitpunkt überhaupt nichts über den Aufenthaltsort Ihrer Frau wussten und schon lange keinen Brief mehr von ihr erhalten hatten?

Die Aufzeichnungen eines ganzen Lebens: verloren, konfisziert, zerstört?

Rotblat: Ja, das stimmt. Jedenfalls trat ich meine Reise nach England am Weihnachtsabend 1944 an. Doch dann erlebte ich noch eine Katastrophe. Vor meiner Abreise aus Los Alamos hatte ich meine gesamte Habe in einen stabilen Schrankkoffer gepackt. Als ich seinerzeit von England in die USA übergesiedelt war, war ich davon ausgegangen, dass ich nach Beendigung meiner Arbeit in Los Alamos direkt nach Polen zurückkehren würde. Deshalb hatte ich damals alles, was ich besaß, aus England mitgebracht.

Während meiner Zeit in Los Alamos hatte ich mir eine Menge Bücher gekauft. Es waren hauptsächlich Physikbücher, die ich in Polen nach dem Krieg sicher gut hätte gebrauchen können. Der Koffer enthielt außerdem Notizen über meine nicht der Geheimhaltung unterliegenden Experimente, Briefe, Fotos und ein Schiffslogbuch. Mit anderen Worten, er enthielt Aufzeichnungen aus meinem ganzen Leben. Alles, was ich in Polen zurückgelassen hatte, war während des Krieges zerstört worden, und deshalb war der gesamte Inhalt dieses Koffers von unschätzbarem Wert für mich.

Bevor ich die USA verließ, verbrachte ich noch einige Tage in Professor Chadwicks Haus in Washington, D.C. Bei meiner Abreise half er mir dann, meinen Schrankkoffer im Zug nach New York unterzubringen, doch als ich in New York eintraf, war der Koffer verschwunden. Und obwohl ich überall danach suchte, war er nicht mehr aufzufinden.

Ikeda: Es ist kaum vorstellbar, dass das ein gewöhnlicher Diebstahl war und keine gezielte Beschlagnahme Ihrer Habseligkeiten. Sogar nach dem Krieg wurden Sie noch mit vielen Schwierigkeiten konfrontiert: Man behandelte Sie wie einen Spion, betrachtete Sie als Sicherheitsrisiko und verweigerte Ihnen sogar die Einreise in die USA. Aber

Sie sind immer Ihrem Gewissen gefolgt und haben stets erklärt, dass Sie gegen den Bau von Atomwaffen sind. Ihr Beispiel ist ein Leuchtfeuer der Hoffnung und der ethischen Verantwortlichkeit in der Geschichte der Wissenschaft.
Zur gleichen Zeit opponierten in Japan Tsunesaburo Makiguchi und Josei Toda, die ersten beiden Präsidenten der Soka Gakkai, gegen den japanischen Militarismus und wurden für ihre Überzeugungen eingesperrt. Beide wurden am 6. Juli 1943 inhaftiert, direkt vor dem Treffen zwischen Churchill und Roosevelt in Québec. Im November 1944 schieden Sie aus dem Manhattan-Projekt aus und im selben Monat starb Makiguchi im Gefängnis. Josei Toda, der seinen Lehrer und Mentor überlebte, wurde aus dem Gefängnis entlassen und widmete sein weiteres Leben der Aufgabe, in den Menschen die friedlichen Kräfte zu wecken. Sein Vermächtnis an uns, die wir damals noch so jung waren, war sein Aufruf zum Verbot von Atom- und Wasserstoffbomben. Dieser Appell ist eine Quelle der Inspiration für alle, die in der Soka Gakkai für den Frieden und die Abrüstung kämpfen.
Übrigens – dachten damals noch andere Wissenschaftler des Manhattan-Projekts wie Sie?

Reine Forschung und gesellschaftliche Nutzung: wer entscheidet?

Rotblat: Das war tatsächlich eine wichtige Frage für mich. Die meisten Wissenschaftler glaubten nicht, dass General Groves das Projekt aufgeben würde – auch nicht im Falle einer deutschen Kapitulation. Doch viele hatten wie ich der Mitarbeit an dem Projekt nur zugestimmt, weil sie die

Nazis aufhalten wollten. Aber warum machten sie weiter, nachdem diese Gefahr gebannt war?
Die meisten rechtfertigten sich mit dem Argument, ihre Experimente dienten der reinen wissenschaftlichen Erkenntnis. Mit anderen Worten, sie waren ganz erpicht darauf, nachzuweisen, dass ihre Thesen und theoretischen Berechnungen stimmten. Diese Wissenschaftler waren der Ansicht, die gesellschaftliche Diskussion über die Verwendung von Atombomben solle erst nach den Atomtests geführt werden.

Ikeda: Wissenschaftliche Neugier war also der Grund. Sie wollten mit eigenen Augen sehen, was sie produzieren konnten.
In Japan ging nach der Bombardierung von Hiroshima und Nagasaki das Gerücht um, Kyoto würde das nächste Ziel sein. Als ein bestimmter japanischer Physiker das hörte, rief er: »Das ist eine einmalige Gelegenheit für jeden Physiker. Ich werde auf den Gipfel des Hiei steigen, damit ich die Detonation genau beobachten kann.« Und er kletterte tatsächlich auf den höchsten Punkt des Berges und baute seine Messgeräte auf.
Man kann diese Anekdote nicht als die übergeschnappte Idee eines einzelnen verrückten Wissenschaftlers abtun. In gewissem Sinne spiegelt sie nämlich ein wichtiges Thema in der ethischen Debatte über Wissenschaft und Kultur, einen Punkt, auf den ich später noch einmal zurückkommen möchte.

Rotblat: Andere Wissenschaftler setzten sich mit dem Problem gar nicht auseinander, da sie glaubten, die Atombombe würde den Krieg mit Japan rasch beenden und dadurch vielen Amerikanern das Leben retten. Diese For-

scher wollten später alles dafür tun, dass die Atombombe nach Kriegsende nie wieder eingesetzt würde.
Die Behauptung, die Bombe hätte dazu beigetragen, den Krieg mit Japan rasch zu beenden, ist ziemlich fragwürdig. Einerseits suchte die japanische Führung bereits von sich aus nach Wegen, den Krieg zu beenden. Andererseits hielten viele andere Leute, die der Ansicht waren, das Atombombenprojekt sollte gestoppt werden, sobald die Gefahr durch Hitlerdeutschland gebannt war, mit ihrer Meinung hinter dem Berg, weil sie negative Konsequenzen für ihre Karriere befürchteten.

Ikeda: Ich verstehe. Die Situation war in der Tat sehr komplex. Deshalb beeindruckt mich Ihre mutige Entscheidung, als Wissenschaftler Ihrem Gewissen zu folgen, umso mehr.

Rotblat: Unter meinen Kollegen war nur eine Minderheit der Ansicht, das Projekt solle gestoppt werden, weil die deutsche Bedrohung nicht länger existierte. Die meisten hatten keinerlei Gewissensbisse. Sie begnügten sich damit, alle Entscheidungen über die Verwendung ihrer Forschungsergebnisse anderen zu überlassen.
Heute können wir im Hinblick auf militärische Forschungsprojekte in vielen Ländern eine ganz ähnliche Situation beobachten. Was mich jedoch am stärksten beunruhigt und wirklich ratlos macht, ist das Fehlen ethischer Verhaltensweisen in Zeiten des Krieges. Das Problem ist, dass unser moralisches Gewissen anscheinend außer Kraft gesetzt wird, sobald ein Krieg ausbricht. Ich habe das sehr oft beobachtet. Deshalb ist es sehr wichtig, von vorneherein Bedingungen zu verhindern, unter denen sich Feindseligkeit entwickelt.

Ikeda: Das ist der entscheidende Punkt, der in den Gesprächen über Krieg und Frieden in unserer heutigen Welt Beachtung finden sollte. Hat sich das Räderwerk der Kriegsmaschinerie erst einmal in Bewegung gesetzt, gerät es rasch außer Kontrolle und vernichtet viele Leben auf seinem Weg. Angesichts der Brutalität des Krieges haben Besonnenheit und rationales Denken keine Chance mehr. Deshalb stimme ich Ihnen zu, Professor Rotblat, dass wir versuchen müssen, Kriege von vornherein mit allen Mitteln zu verhindern. Doch die moderne Zivilisation macht trotz der großen Bedrohung weiter wie bisher.
Indem wir Massenvernichtungswaffen besitzen, mit denen man die gesamte Menschheit zehnmal auslöschen könnte, laufen wir Gefahr, einen Fehler zu machen, der sich nicht rückgängig machen lässt. Wenn auch mühsam, ist doch die Erschließung neuer Wege, die einen Dialog ermöglichen, bei weitem der vernünftigste Ansatz, um Frieden zu schaffen.

5

Das Gewicht eines Namens: das Russell-Einstein-Manifest

Ikeda: Vor 50 Jahren wurde das Russell-Einstein-Manifest verfasst, das auch Sie unterzeichneten, und vor 60 Jahren fielen die Atombomben auf Hiroshima und Nagasaki. Ich denke, wir sollten die Jahrestage dieser weltbewegenden Ereignisse als Dreh- und Angelpunkte betrachten, um die sich der Versuch, unserer Verantwortung für die Menschheit gerecht zu werden, drehen muss.

Rotblat: Das Russell-Einstein-Manifest war ein dringender Appell an die Wissenschaft, sich an den öffentlichen Diskussionen über die Abwendung der drohenden Gefahr eines Atomkrieges zu beteiligen. Gleichzeitig sollte es die öffentliche Aufmerksamkeit auf die Pflicht jedes Einzelnen lenken, sein Bestes zum Überleben der Gattung Mensch beizutragen.
In Anbetracht der Tatsache, dass jeder Krieg eine Bedrohung für die Menschheit darstellt, muss Krieg an sich abgeschafft werden. Das Manifest endet mit der folgenden ernsten Warnung: »Wir wenden uns als Menschen an unsere Mitmenschen: Erinnert euch eures Menschseins und vergesst alles andere! Wenn ihr das vermögt, dann öffnet sich der Weg zu einem neuen Paradies. Könnt ihr es nicht, dann droht euch allen der Tod.«

Hängt die menschliche Existenz von der Schlagkraft des Militärs ab?

Ikeda: Das ist vielleicht die berühmteste Passage des Manifestes. Damit wir uns einen Weg in eine Welt ohne Krieg bahnen können, ist es notwendig, die strukturellen Verbindungen zwischen Militär, Industrie und wissenschaftlichen Kreisen zu untersuchen. Auch müssen wir von der Vorstellung abrücken, dass die menschliche Existenz auf die Schlagkraft des Militärs angewiesen ist.
Man muss sich diese Zusammenhänge genau anschauen, denn will man die politischen, wirtschaftlichen und wissenschaftlichen Argumente für die Notwendigkeit militärischer Stärke entkräften, muss man deren zerstörerische Aspekte ganz klar benennen – wir müssen, mit anderen Worten, einer humanistischen Sichtweise Geltung verschaffen.
Genau das tut das Russell-Einstein-Manifest, und das ist das Großartige daran. Zwei Jahre nach der Veröffentlichung des Manifestes gab mein Mentor, Josei Toda, seinen Aufruf zum Verbot von Atom- und Wasserstoffbomben ab. Mit seiner eindeutigen Ablehnung von Nuklearwaffen formulierte er auch jene humanistischen Einsichten, die seinem Standpunkt zugrunde lagen. Für ihn waren Atomwaffen ein Produkt der mörderischen Instinkte des Menschen und die Ausgeburt des Bösen.

Rotblat: Die Entwicklung und der Einsatz von Atomwaffen wurden von zwei unterschiedlichen Standpunkten aus betrachtet: nämlich vom juristischen und vom moralischen aus. Als religiöser Mensch hat Josei Toda letzteren eingenommen, und ich glaube, er hatte recht.

Ikeda: Ich bin sicher, er hätte sich durch Ihre Anerkennung seiner Bemühungen sehr geehrt gefühlt. Heute, fünfzig Jahre nach der Veröffentlichung des Russell-Einstein-Manifestes, würde ich Sie gerne fragen, wie es eigentlich zustande kam.
Das Manifest wurde am 9. Juli 1955 öffentlich verlesen. Im Januar des vorhergehenden Jahres kündigte die US-Regierung ihre Politik der »Massiven Vergeltung« an und im März testete das amerikanische Militär auf dem Bikini-Atoll eine Wasserstoffbombe, deren Zerstörungskraft die der Hiroshima-Bombe um das 1000-Fache überstieg.

Das Russell-Einstein-Manifest wird im Jahre 1955 öffentlich verlesen

Die Sowjetunion hatte bereits 1953 eine Wasserstoffbombe getestet, und im Februar 1955 begannen die Briten mit der Herstellung ihrer eigenen H-Bombe. Im Mai desselben Jahres schlossen die Sowjets den Warschauer

Pakt als Antwort auf die Gründung der NATO. Inmitten dieser Spannungen aufgrund der weiteren Verbreitung von Atomwaffen wurde das Manifest veröffentlicht.

Rotblat: Etwa um diese Zeit führte ich mehrere Gespräche mit Bertrand Russell. Ich hatte ihm die verheerenden Auswirkungen eines Atomkriegs vor Augen geführt, und er griff dieses Thema Weihnachten 1954 in seiner Rundfunkansprache auf. Er wollte den Bürgern in aller Welt bewusst machen, welche schrecklichen Folgen ein Atomkrieg für die ganze Erde haben würde – insbesondere seit der Erfindung der Thermonuklearwaffen.

Die öffentlichen Reaktionen auf Bertrand Russells Ansprache

Ikeda: Sie meinen sicher Bertrand Russells Rede »Die Gefahr für die Menschheit«. Ich habe gehört, dass es die Grundlage für das Russell-Einstein-Manifest bildete, das ja später verabschiedet wurde.

Rotblat: Das stimmt. Die öffentlichen Reaktionen auf die Rundfunkübertragung waren überwältigend. In dieser kritischen Situation wünschten sich die Menschen vor allem eines: dass sich die Wissenschaftler zusammenschließen und gemeinsam nach Wegen suchen würden, um einen Atomkrieg zu verhindern.
Es war Russell ein dringendes Anliegen, Politiker, Wissenschaftler und die breite Öffentlichkeit über die mit Atomwaffen verbundenen Gefahren zu informieren. Er war der Ansicht, es würde einiges Gewicht haben, wenn Nobelpreisträger, einschließlich der berühmtesten Wissenschaft-

ler der Welt, der Bewegung zur Abschaffung der Atomwaffen ihre Stimme geben würden. Damals – und eigentlich in der gesamten Geschichte der Wissenschaft – war Einstein der berühmteste Wissenschaftler der Welt, und deshalb beschloss Russell, Einstein zu bitten, das Dokument zu unterzeichnen. Er schickte ihm eine Kopie des Manifestes und eine Liste der Wissenschaftler, die er um ihre Unterschrift bitten würde.

Einsteins letzter Brief: »Ich bin nur zu gerne bereit, dieses Dokument zu unterzeichnen«

Ikeda: Russells Brief und Einsteins Antwortschreiben sind bis heute nicht veröffentlicht worden. Ich war sehr berührt, als ich von Ihnen diese bis dato unveröffentlichte Korrespondenz erhielt, die zwischen Kopien des Manifestes aufbewahrt worden war. Einstein schrieb: »Vielen Dank für Ihren Brief vom 5. April. Ich bin nur zu gerne bereit, Ihre hervorragende Erklärung zu unterzeichnen. Auch bin ich sehr einverstanden mit Ihrer Auswahl der potenziellen Unterzeichner.«

Rotblat: Von diesem Zeitpunkt an nahmen die Dinge eine dramatische Wende. Am 18. April 1955 hörte Russell auf einem Flug von Rom nach Paris die Durchsage des Piloten, dass Einstein verstorben sei. Russell war schockiert und verzweifelt. Ohne Einsteins Unterschrift, so dachte er, hätte das Manifest viel weniger Gewicht. Doch als er dann in seinem Hotel in Paris eintraf, händigte man ihm einen Brief von Einstein aus, der in London aufgegeben worden war. In diesem Brief standen die gerade von Ihnen zitierten Worte über seine Absicht, das Manifest zu unterzeichnen und seine Zustimmung zur Liste der potenziellen Unterzeichner.

Ikeda: Das war also Einsteins letzter Brief, den er unmittelbar vor seinem Tod geschrieben hatte und der Russell erst nach der Todesnachricht erreichte. Dieses Schreiben repräsentiert also tatsächlich seinen letzten Willen und ist sein Vermächtnis an die Menschheit. Meiner Meinung nach ist das ein Dokument von sehr großer Bedeutung. Ich würde von Ihnen auch gerne etwas über Ihre Begegnung mit Lord Russell, dem Verfasser des Manifestes erfahren. Welchen Eindruck machte er auf Sie?

Rotblat: Man kann sagen, dass Bertrand Russell ein Mensch voller Ideen war, dem stets etwas Neues einfiel. Niemand konnte sich auch nur im Entferntesten vorstellen, was in seinem Kopf vor sich ging. Andere wunderten sich oft über seine verrückten Ideen, aber am Ende stellte sich meistens heraus, dass er recht hatte. Einmal sagte er beispielsweise: »Befürchte niemals, dass man dich für exzentrisch halten könnte, denn jede Idee, die heute akzeptiert wird, war irgendwann einmal exzentrisch.«

Ikeda: Das ist sehr interessant. Es verrät mir etwas über den Menschen Bertrand Russell, dessen Ideen stets neu und einzigartig waren.

Ein gewichtiges Vermächtnis, eine besondere Pflicht

Rotblat: Meine erste Begegnung mit Bertrand Russell hatte etwas höchst Dramatisches. Wir trafen uns im März 1954, direkt nachdem die Amerikaner ihre erste Wasserstoffbombe getestet hatten. Die Mannschaft eines japanischen Fischkutters, der Lucky Dragon, die zu diesem Zeitpunkt in nahen Gewässern unterwegs war, wurde radioaktivem Fallout ausgesetzt, als sich der Wind drehte. Ein Matrose starb. Durch diesen Vorfall wurde die Öffentlichkeit überhaupt erst auf die Wasserstoffbombe aufmerksam. Bis dahin hatte niemand von ihrer Existenz gewusst. Aufgrund dieser Nachricht strahlte die BBC eine Sondersendung zu diesem Thema aus. Ich meine nicht die Weihnachtssendung, von der ich vorhin sprach, sondern eine öffentliche Diskussion, bei der unterschiedliche Meinungen zur Wasserstoffbombe zu hören waren. Ich selbst nahm als Mitglied der »Wissenschaftsfraktion« daran teil. Außerdem beteiligten sich an dieser Diskussion noch ein Militärbefehlshaber, der die militärische Bedeutung der Bombe hervorhob, ein weiterer, der auf ihren strategischen Wert hinwies, und zwei Leute, die die moralischen Aspekte der Debatte zur Sprache brachten. Einer davon war Bertrand Russell.
Mein Diskussionsbeitrag bestand unter anderem darin, dass ich versuchte, mit sehr einfachen Worten den physikalischen Funktionsmechanismus einer Wasserstoffbombe zu vermitteln. Russell war von meiner Schilderung offensichtlich beeindruckt und sagte mir nach der Sendung, er habe durch meine Ausführungen eine Menge gelernt. Das war meine erste Begegnung mit Lord Russell.

Ikeda: Sehr interessant. Das Manifest wurde von elf Personen unterzeichnet und eine von ihnen, Dr. Hideki Yukawa, stammte aus Japan. Auch mein guter Freund Linus Pauling war einer der Unterzeichner.

Rotblat: Zum Zeitpunkt der Veröffentlichung des Manifestes waren, bis auf zwei, alle Unterzeichner Nobelpreisträger. Einer dieser beiden war Leopold Infeld aus Polen. Er war äußerst engagiert, und da er bei einigen Arbeiten über die Relativitätstheorie mit Einstein zusammengearbeitet hatte, wollten sowohl Einstein als auch Russell, dass er zum Kreis der Unterzeichner gehörte.
Der andere Wissenschaftler ohne Nobelpreis, und der jüngste der Gruppe, war ich selbst. Ich wies Russell auf diese Tatsache hin. »Schauen Sie«, sagte ich zu ihm, »Sie wollen doch, dass das Manifest von Nobelpreisträgern unterzeichnet wird, und ich bin keiner.« Er antwortete: »Das kommt noch, das kommt noch.«

Ikeda: Beeindruckend! Er hatte einen erstaunlichen Weitblick. Und wie von ihm prophezeit, erhielten Sie im Jahre 1995 den Friedensnobelpreis.

Rotblat: Ja, es kam dann wirklich so, wie er gesagt hatte. Und weil ich damals der jüngste Unterzeichner war, bin ich heute auch der einzige, der noch am Leben ist. Deshalb glaube ich, dass ich eine bestimmte Pflicht zu erfüllen habe. Nein, eigentlich mehr als eine Pflicht – ich würde sagen, es ist eine Mission. Ich glaube, meine Lebensaufgabe besteht darin, die Botschaft des Manifestes so vielen Menschen wie möglich zu vermitteln.

Ikeda: Was Sie zu mir bei unserer Begegnung in Okinawa im Jahre 2000 sagten, hat mich damals sehr bewegt und tut es heute noch, wenn ich daran zurückdenke. Als ich Sie nach unserem Gespräch fragte, ob Sie müde seien, erwiderten Sie: »Ich kann es mir nicht leisten, müde zu sein.«

Rotblat: Ja, damals war ich noch gesund und voller Energie. Um meine Mission zu erfüllen und die Botschaft des Manifestes zu verbreiten, musste ich so viel arbeiten, dass ich mir noch nicht einmal den Luxus erlauben konnte, müde zu sein. An meinem 95. Geburtstag erlitt ich jedoch einen leichten Schlaganfall, und seitdem hat sich mein Leben ein wenig geändert. Ich musste schließlich einsehen, dass niemand unsterblich ist. Jetzt arbeite ich häufiger zu Hause und weniger im Pugwash-Büro in der Stadt. Aber ich erhalte auch heute noch eine Menge Anrufe und meine Tage sind immer noch ziemlich hektisch.

Ikeda: Ich hatte von Ihrer Erkrankung gehört und mir Sorgen um Sie gemacht. Sie sind ein ganz besonderer Mensch, und solche Menschen brauchen wir im 21. Jahrhundert. Ich bete dafür, dass Sie wieder ganz gesund werden.

Rotblat: Vielen Dank. Und machen Sie sich keine Sorgen. Ich habe immer noch jede Menge zu tun, um sicherzustellen, dass wir uns auf dem richtigen Weg zum Weltfrieden befinden.

Ein Leben für einen edlen Zweck

Ikeda: Professor Rotblat, Sie scheinen mit ewiger Jugend gesegnet zu sein. Wenn sich ein Mensch seiner Lebensaufgabe bewusst wird, bleibt er sein Leben lang innerlich jung. Ich erinnere mich daran, dass Linus Pauling, einer der Unterzeichner des Manifestes und ein herausragender Wissenschaftler des 20. Jahrhunderts, an seinem 90. Geburtstag geistig noch sehr jung wirkte.
Es gab ein paar unvergessliche Momente – beispielsweise als ich am Claremont McKenna College in Los Angeles sprach und Linus Pauling, damals 91 Jahre alt, kurzfristig die Aufgabe des Diskussionsleiters übernahm. Professor Pauling und ich haben ein Buch mit unseren Dialogen veröffentlicht. Er wurde ziemlich bekannt durch seine Theorie über die gesundheitlichen Vorzüge von Vitamin C.

Rotblat: Dazu kann ich Ihnen eine interessante Geschichte erzählen. Eines Tages kam Linus Pauling in mein Londoner Büro und wir aßen gemeinsam zu Mittag. Ich war erkältet und Linus fragte mich: »So, Sie haben also eine Erkältung, wie? Nehmen Sie Vitamin C?« Als ich verneinte, hielt er mir einen halbstündigen Vortrag über die segensreichen Wirkungen von Vitamin C und führte einige wissenschaftliche Untersuchungen an, denen zufolge Vitamin C Erkältungen vorbeugen kann. Er überzeugte mich und ich fing an, Vitamin C einzunehmen. Als er neun Monate später wieder zu Besuch kam, fragte er mich: »Nehmen Sie Ihr Vitamin C ein?« Ich bejahte und er fragte mich, wie es gewirkt hatte. Also erzählte ich ihm, dass ich in diesem Winter drei Erkältungen gehabt hatte. Er antwortete: »Tatsächlich? Wie viel haben Sie eingenommen?« Als ich ihm sagte, ich hätte, wie von ihm empfohlen, 100 Milligramm pro Tag eingenommen, erwiderte er: »Das ist viel zu wenig, Sie müssen ein Gramm pro Tag einnehmen.«

Ikeda: Das ist eine amüsante Anekdote und hört sich nach Professor Pauling an. Ich kann mir bildlich vorstellen, wie er das sagt.
Um seinen großartigen Beitrag zur Wissenschaft und zum Weltfrieden zu würdigen, veranstalteten wir – die SGI – zusammen mit der Familie Pauling und anderen eine Ausstellung mit dem Titel *Linus Pauling and the Twentieth Century* (Linus Pauling und das 20. Jahrhundert). Die Ausstellung wurde ein großer Erfolg und zog über eine Million Besucher aus aller Welt an. Bei dieser Gelegenheit möchte ich Ihnen, Professor Rotblat, noch einmal dafür danken, dass Sie zur Ausstellung im europäischen UN-Hauptquartier kamen.

Rotblat: Ich empfand große Achtung für Professor Pauling. Er leistete einen äußerst wertvollen Beitrag zum Weltfrieden. Wir haben viele Jahre zusammengearbeitet, und er war zweifellos einer der großen Männer meiner Generation.

Die Begegnung mit Einstein: Schmied, Hausierer oder Leuchtturmwärter

Ikeda: Erzählen Sie uns doch bitte auch etwas über Albert Einstein. Sind Sie ihm je persönlich begegnet?

Rotblat: Nein, leider nicht. Das hängt damit zusammen, dass ich nach dem Zweiten Weltkrieg in den USA als Persona non grata – unerwünschte Person – galt. Sie hielten mich für einen Spion.

Ikeda: War das nicht wegen Ihres Ausstiegs aus dem Manhattan-Projekt? Sie waren damals ja allen möglichen Verdächtigungen ausgesetzt und es wäre deshalb für Sie äußerst schwierig gewesen, Albert Einstein zu besuchen, der in den USA lebte, nicht wahr?

Rotblat: Ja, das ist richtig. Man ließ mich nicht ins Land. Ich wollte Einstein in Amerika besuchen und mit ihm über das Manifest sprechen, doch die amerikanischen Behörden stellten mir kein Visum aus.

Ikeda: Großartige Menschen müssen immer mit Verfolgung und Verleumdung rechnen. Das scheint eine historische Tatsache zu sein.
Wenn wir zurückblicken, wird deutlich, dass zwei Briefe von Professor Einstein Ihr Leben stark beeinflussten: erstens der Brief an Bertrand Russell, in welchem er einwilligte, das Russell-Einstein-Manifest zu unterzeichnen, und zweitens jener Brief, in dem er Präsident Franklin D. Roosevelt drängte, die Entwicklung von Nuklearwaffen voranzutreiben, um den Nazis zuvorzukommen. Dieser Brief wurde zum wichtigsten Anstoß für das Manhattan-Projekt, an dem Sie später mitarbeiteten.

Rotblat: Albert Einstein war erklärter Pazifist. Deshalb kam es völlig überraschend, dass Einstein, der Pazifist, einen Brief verfasste, in welchem er die Entwicklung von Nuklearwaffen forderte. Er vertrat seinen Standpunkt mit dem Argument, man müsse akzeptieren, dass es manchmal notwendig sein könne, für den Frieden zu kämpfen.

Die Tatsache, dass dieser berühmte Wissenschaftler einen solchen Brief schrieb, zeigte, dass er die politische Lage und die Welt, in der er lebte, wirklich verstand und in der Lage war, Dinge in Betracht zu ziehen und zu akzeptieren, die für andere inakzeptabel waren. So erkannte Einstein beispielsweise bereits in den frühen Dreißigerjahren des 20. Jahrhunderts, als Hitler an die Macht kam, welch unbeschreibliches Grauen dieser Diktator über die Welt bringen würde. Er sah schon in der Anfangszeit des Naziregimes voraus, dass es katastrophale Folgen haben würde, würde man Hitler freie Hand lassen. Und es sollte sich zeigen, dass seine Vorhersagen richtig waren. Er hatte gesagt: »Wir können nicht zulassen, dass Hitler seine Pläne weiterverfolgt. Er muss aufgehalten werden – wenn nötig mit militärischen Mitteln.«

Ikeda: Professor Einsteins Verantwortungsgefühl für die Menschheit ging weit über ethnische und nationale Überlegungen hinaus. Und weil ihm bewusst war, welch ungeheures Leid Krieg über die Menschen bringt, nutzte er sein großartiges Talent und seinen Erfolg, um in der Frage von Krieg und Frieden für die Menschheit einzutreten.
In seinen letzten Lebensjahren sagte Einstein einmal, dass er, könnte er noch einmal von vorne anfangen, einen anderen Beruf wählen würde – beispielsweise Schmied, Hausierer oder Leuchtturmwärter. Als er die Nachricht vom Abwurf der Atombombe auf die Einwohner Hiroshimas erhielt, soll er ausgerufen haben: »Hätte ich gewusst, dass sie das tun würden, wäre ich niemals Wissenschaftler geworden.« Wir können nur vermuten, wie einsam ihn diese ungeheure Verantwortung gemacht hat.

Die ungeheure Einsamkeit des engagierten Pazifisten

Rotblat: Natürlich wurde diese große Einsamkeit, die Einstein empfunden haben muss, noch durch die Tatsache verstärkt, dass er als Pazifist auf den Einsatz militärischer Macht drängte. Hätte er stur auf seiner persönlichen Überzeugung beharrt, wäre es ihm unmöglich gewesen, diesen Standpunkt einzunehmen. Doch weil er das tat, wurde er von Friedensaktivisten als Verräter beschimpft und aus pazifistischen Gruppen ausgeschlossen. Er wurde von allen Seiten attackiert. Letzten Endes zeigte sich aber, dass er recht gehabt hatte und dass seine Sichtweise realistischer war als die seiner Gegner. Daraus können wir lernen, dass es ein Fehler ist, unflexibel zu sein und ungeachtet der äußeren Umstände auf unsere Prinzipien zu pochen.

Ikeda: Einsteins Verzweiflung hing vor allem mit der Frage zusammen, ob es einen »gerechten Krieg« geben kann.
Bertrand Russell, der ein Gegner des Ersten Weltkrieges gewesen war und für seine Ansichten eingesperrt wurde, befürwortete den Zweiten Weltkrieg. Er fragte: »Sollen wir Hitlers Gräueltaten tatenlos zuschauen?« Doch wir müssen äußerst vorsichtig sein mit der Theorie vom »gerechten Krieg«, die in den vergangenen 60 Jahren oftmals dazu herhalten musste, die Anwendung von Gewalt zu rechtfertigen.
Auschwitz steht für die Gräuel des Holocaust. Die Japaner haben andere Länder überfallen und in China und anderen asiatischen Ländern Gräueltaten verübt. Die willkürliche Bombardierung Dresdens, Tokios und Okinawas sowie der Abwurf der Atombombe über Hiroshima

und Nagasaki sind Beispiele für die von den Alliierten verübten Gräuel.
Die Mittel müssen das Ziel rechtfertigen, also können wir nicht sagen, dass jedes Mittel recht ist, wenn nur das Ziel stimmt. Das wirft die Frage auf, ob wir den Einsatz militärischer Gewalt akzeptieren können, wenn die Mittel verhältnismäßig und dem Ziel angemessen sind. Darauf beruht ja im Grunde die Theorie vom »gerechten Krieg«. Aber wer entscheidet das und welche Kriterien werden herangezogen, um zu bestimmen, ob ein bestimmtes Mittel angemessen ist?
Wie Sie wiederholt betonten, Professor Rotblat, zeigt uns der Abwurf der Atombombe während des Zweiten Weltkriegs, dass der Einzelne oder eine ganze Gesellschaft als Erstes ihre rationale Urteilsfähigkeit einbüßen, wenn die Feindseligkeiten erst einmal begonnen haben. Die Menschen geraten in einem solchen Maße aus dem Gleichgewicht, dass sogar die absurdesten Argumente für die Tötung von Hunderten oder Tausenden von Menschen akzeptiert werden. Wenn Konflikte nicht durch gewaltlose Aktionen gelöst werden können, sind wir bereits gescheitert. Und selbst wenn die Anwendung von Gewalt notwendig sein sollte, um einen Feind aufzuhalten, der Gräueltaten verübt, müssen wir uns stets darüber im Klaren sein, dass die Tötung eines anderen Menschen Brudermord ist. Das war Einstein und Ihnen natürlich bewusst. Dass ein Konflikt den Einsatz der Atombombe erforderlich machen könnte, ist allerdings absolut unvorstellbar. Obwohl er genau dieser Ansicht war, wurde Einstein von den Medien nach dem Krieg als Erfinder der Atombombe diffamiert. Das muss unerträglich für ihn gewesen sein.

Rotblat: Einstein war der Meinung, dass er mit der eigentlichen Entwicklung der Bombe nicht viel zu tun hatte. Es heißt, dass die Atombombe auf der Arbeit Einsteins beruht, weil man seine berühmte Formel »$E=mc^2$« mit der Atombombe in Verbindung bringt. Diese Formel ist von Einsteins Relativitätstheorie abgeleitet und bedeutet, dass unter gegebenen Umständen die Masse (m) in Energie (E) umgewandelt werden kann und umgekehrt. Multipliziert man also die Masse (m) mit der Lichtgeschwindigkeit (c) im Quadrat, erhält man die Energie dieser Masse. Diese Formel ergab sich aus seiner Relativitätstheorie.
Die Entwicklung der Atombombe war also die erste praktische Anwendung dieser Formel. Das bedeutet, dass die Atombombe eine kleine Menge Materie im Atom in Energie umwandelt.

Ikeda: Gemäß der Formel »$E=mc^2$« entspricht die Energie dem Produkt aus »Masse x 90 000 000 000«, da die Lichtgeschwindigkeit 300 000 km pro Sekunde beträgt. So wie ein kleiner Stein geballte Energie ist, tragen Menschen, die ja, um es mit Pascal zu sagen, nichts anderes als kleine »denkende Schilfrohre« sind, eine enorme latente kosmische Energie in sich. Einsteins Formel gibt uns in der Tat Einblick in die Dynamik und das Mysterium der Gesetzmäßigkeiten des Weltraums. Wenn der Einsatz von Nuklearwaffen die destruktive Manifestation dieser Energie ist, sollte es auch möglich sein, diese Kraft zum Wohle der Menschheit in positive Bahnen zu lenken.

Rotblat: Einstein entwickelte seine Formel ja nicht, um eine Bombe herzustellen, sondern als allgemeines physikalisches Prinzip. Für ihn war die Formel das Produkt rei-

ner wissenschaftlicher Forschung. Dennoch fürchtete er sich vor den Konsequenzen der Anwendung dieses Prinzips. Als Hitler an die Macht kam, gab es keinen Zweifel, dass er die Bombe, sollte er je in ihren Besitz gelangen, dazu benutzen würde, die ganze Welt zu unterjochen. Diesen Gedanken konnte Einstein nicht ertragen, und deshalb schrieb er einen Brief an Präsident Roosevelt, um ihn vor dieser Möglichkeit zu warnen.
Einstein selbst arbeitete nicht am Manhattan-Projekt mit. Er wollte sich nicht daran beteiligen, doch er schrieb einen weiteren Brief an Präsident Roosevelt.

Ikeda: Sie meinen wohl den Brief, den er 1945 als Antwort auf eine Anfrage von Dr. Leó Szilárd schrieb. Darin drängte er den Präsidenten, über ein internationales Kontrollsystem nachzudenken, das die von Dr. Szilárd vorausgesagte Verbreitung von Kernwaffen stoppen würde.

Rotblat: Viele Menschen, so auch Einstein und andere Wissenschaftler, appellierten an den Präsidenten, die Atombombe nicht gegen eine Zivilbevölkerung einzusetzen. Doch allen Appellen zum Trotz wurde die Bombe schließlich auf Zivilisten abgeworfen. Als das Militär erst einmal Zugriff auf die Bombe hatte, spielte es überhaupt keine Rolle mehr, wie viele Wissenschaftler darum baten, die Zivilbevölkerung zu schonen. Von diesem Zeitpunkt an hatten sie keinerlei Einfluss mehr. Sie appellierten an das Militär: »Bitte setzt die Bombe nicht gegen Zivilbevölkerungen ein. Setzt sie überhaupt nicht ein. Benutzt sie nur als Druckmittel. Droht mit ihrem Einsatz, aber setzt sie nie ein.«
Doch das Militär stellte sich taub und ignorierte alle Appelle, den Einsatz der Atombombe gegen Zivilisten zu

verbieten. Tatsächlich wurde die Bombe direkt nach ihrer Fertigstellung über Hiroshima und drei Tage danach auf Nagasaki abgeworfen.

Ikeda: Als ihn die Nachricht von der Bombardierung Hiroshimas erreichte, soll Einstein in seiner Muttersprache – auf Deutsch – ausgerufen haben: »O weh!« – ein Ausruf des Jammers. Er war absolut schockiert. Dieses Ereignis veränderte an jenem schicksalhaften Tag die gesamte Geschichte der Menschheit.

6

Von Hiroshima nach Norwegen: Pugwash erhält den Nobelpreis

Ikeda: Professor Rotblat, im Jahre 1995 wurden Sie mit dem Nobelpreis ausgezeichnet. Ich bin sicher, dass Sie über dieses Ereignis einiges zu erzählen haben, und deshalb möchte ich unser Gespräch heute auf diese Zeit in Ihrem Leben lenken.
Ich habe gehört, dass Sie als Präsident der Pugwash-Organisation jeden Morgen mit Bus und U-Bahn von Ihrem Haus im Norden Londons ins Büro fuhren und dort immer vor neun Uhr eintrafen. Es heißt, viele Leute, die in Ihrem Büro anriefen, seien überrascht gewesen, Sie persönlich ans Telefon zu bekommen.
Die Pugwash-Bewegung hatte lange Zeit mit finanziellen Schwierigkeiten zu kämpfen, und Sie leiteten die Organisation als Präsident ganz ohne Bezahlung. Aber das hielt Sie nicht von Ihrem unermüdlichen Engagement für die Abschaffung der Atomwaffen ab. So sandten Sie beispielsweise, wenn Sie von der Weiterverbreitung von Atomwaffen erfuhren, stets sofort einen Protestbrief an das betreffende Land und informierten gleichzeitig *The Times* und andere Massenmedien, um Ihren Protest öffentlich zu machen.

Die Herzen der Menschen erreichen

Rotblat: Die Pugwash-Bewegung ist keine Gruppe, die politischen Druck ausübt, dennoch sind wir als Wissenschaftler davon überzeugt, dass es unsere Aufgabe und Pflicht ist, die Menschheit vor der Bedrohung durch neue wissenschaftliche Technologien, wie zum Beispiel Kernwaffen, zu warnen. Aber wir verfolgen keine bestimmte Strategie. Unsere Waffen sind Worte. Das heißt, wir führen Gespräche auf der Grundlage der Vernunft. Wir versuchen, unsere Gegner mit Worten zu überzeugen. Das ist die Basis unserer Friedensbewegung.

Ikeda: Mit Worten überzeugen – ich glaube, dass Gespräche das menschliche Herz erreichen und dass, wie der Historiker Arnold Toynbee einst sagte, »die langsamen Umgestaltungen letztendlich die Landschaft der Geschichte prägen«.
Die intellektuellen Bemühungen der Mitglieder der Pugwash-Bewegung sowie ihre weitreichenden persönlichen Verbindungen waren außerordentlich hilfreich beim Erreichen von Zielen wie die öffentliche Unterstützung für das Verbot von Atomwaffentests und das Zustandekommen zahlreicher Abrüstungsverträge.

Rotblat: Vielen Dank. Es ist wirklich ein gutes Gefühl, wenn unsere Bemühungen wahrgenommen und anerkannt werden. So waren wir auch sehr dankbar, als der frühere russische Präsident Michail Gorbatschow den Beitrag der Pugwash-Konferenzen zur militärischen Abrüstung und zur Beendigung des Kalten Krieges würdigte.
Ich selbst engagiere mich seit fast 60 Jahren für den Weltfrieden und werde heute oft gefragt, wie ich das so lange

durchhalten konnte. Der Hauptgrund ist vor allem mein Glaube an das Gute im Menschen. Natürlich können Menschen auch schlimme Taten begehen, wenn äußere Kräfte am Werk sind, wenn eine Situation von äußerem Druck beeinflusst wird. In der frühen Menschheitsgeschichte bekämpften und töteten die Menschen einander, um ihren Stamm zu schützen und weil sie um Nahrung, Liebe, Frauen konkurrierten.

Ich glaube allerdings, dass der Mensch von Natur aus gut ist. Das war von jeher meine Überzeugung, die mir die Kraft gab, meinen Kampf für den Frieden bis heute fortzusetzen. In gewissem Sinne bin ich Optimist.

Ikeda: Ihre optimistische Denkweise und Ihr beharrlicher Einsatz, Professor Rotblat, entsprechen ganz meiner Philosophie. Friedensaktivisten werden normalerweise als unrealistisch kritisiert, und weil sie ihre Ziele nicht immer sofort erreichen, kommen ihnen oft jene Begeisterung und Leidenschaft abhanden, mit der sie ihre Ideale anfangs zu verwirklichen suchten.

Ihnen hingegen ist es gelungen, sich das Vertrauen in das Gute im Menschen zu bewahren und Ihre Aktivitäten mit großem Optimismus fortzusetzen. Die Würdigung Ihrer Friedensbemühungen durch den früheren Präsidenten Gorbatschow entsprang zweifellos seiner Wahrnehmung Ihres tiefen und unerschütterlichen Glaubens an das Gute im Menschen.

Viele Menschen in Japan lassen sich von Ihren Bemühungen um die Abschaffung aller Atomwaffen inspirieren und ermutigen. Die erste Hauptversammlung der Pugwash-Bewegung in Japan fand vor zehn Jahren statt.

Rotblat: Ja, das war im Jahre 1995, fünfzig Jahre nach dem Abwurf der Atombomben über Japan. Damals wuchs die Sorge über die Weiterverbreitung von Nuklearwaffen, denn China führte inzwischen eigene Atomwaffentests durch und Frankreich entschied sich für die Wiederaufnahme solcher Tests. In diesem politischen Klima wurde die Pugwash-Konferenz in Hiroshima abgehalten – sozusagen am »Ground Zero« der Bewegung.
In meiner Rede vor den Konferenzteilnehmern sagte ich: »Die Bombardierung Hiroshimas und Nagasakis mit Atomwaffen war absolut unnötig. Der Zweite Weltkrieg hätte ohne den Abwurf von Atombomben noch schneller beendet werden können.«
Als die Konferenzteilnehmer am ersten Tag das Mahnmal besuchten, um Blumen niederzulegen, konnte ich mich lange nicht von diesem Ort losreißen, denn ich empfand plötzlich denselben Schock wie damals, als ich die Nachricht vom Abwurf der Atombombe hörte.
Viele Konferenzteilnehmer begegneten hier zum ersten Mal Atombombenopfern, und das Jahrestreffen in Hiroshima bestärkte viele Mitglieder der Pugwash-Bewegung in ihrem Entschluss, weiterhin mit aller Kraft für die Abschaffung aller Atomwaffen zu kämpfen.

Ikeda: Was Sie erzählen, ist sehr beeindruckend und wichtig. Politische Führer aus aller Welt sagten mir, dass ihnen die Bedrohung durch Nuklearwaffen nach ihrem Besuch in Hiroshima und Nagasaki viel stärker bewusst geworden sei. Ich habe die Regierungschefs der Atommächte immer wieder dringend gebeten – und werde das auch weiterhin tun –, Hiroshima und Nagasaki zu besu-

chen, damit sie mit eigenen Augen sehen, was dort wirklich geschah. Noch heute kann man die Nachwirkungen der Tragödie, die sich damals in diesen Städten abspielte, sehen und spüren. Die historische Bedeutung dieser beiden Städte wird nie verblassen.
Die Entscheidung, Sie und die Pugwash-Bewegung für Ihre jahrelangen Bemühungen um den Weltfrieden und die nukleare Abrüstung mit dem Nobelpreis auszuzeichnen, fiel drei Monate nach der Jahresversammlung in Hiroshima. Wo hielten Sie sich gerade auf, als Sie die Nachricht erhielten, dass man Ihnen den Nobelpreis verleihen würde?

Die Verleihung des Nobelpreises

Rotblat: An diesen Tag erinnere ich mich noch sehr genau. Es war am Freitag, dem 13. Oktober. Ich war wie gewöhnlich ins Büro gefahren und war gerade bei der Arbeit. Gegen elf Uhr klingelte das Telefon. Tom Milne, mein Sekretär, nahm den Hörer ab und sagte: »Ein Anruf aus Oslo.« In diesem Moment wusste ich, dass ich den Preis bekommen hatte. Der Anrufer war ein Mitarbeiter der norwegischen Legislative. Er teilte mir mit, dass ich den Friedensnobelpreis erhalten solle und dass in Kürze noch eine offizielle Benachrichtigung folgen würde. Der Anruf erreichte uns 45 Minuten vor der offiziellen Bekanntmachung.
Ich wusste zwar, dass ich nominiert worden war, aber ich hatte mir kaum Chancen auf den Preis ausgerechnet und war daher völlig überrascht. Nachdem ich die Nachricht erhalten hatte, machte ich erst einmal – wie jeden Tag – einen Spaziergang.

Ikeda: Sie machten einen Spaziergang?

Rotblat: Ja. Ich hatte mir angewöhnt, täglich einen Spaziergang zu machen, und als ich an jenem Tag durch die Straßen Londons schlenderte, dachte ich über die Konsequenzen dieser neuen Entwicklung nach. Wie würde sich der Preis auf mein Leben auswirken? Nachdem mir alle möglichen Überlegungen durch den Kopf gegangen waren, fasste ich einen Entschluss. Ich sagte mir: »Ich werde einfach nicht zulassen, dass der Nobelpreis mein Leben beeinflusst. Es gibt noch so viel zu tun. Ich darf mich durch diesen Preis nicht von meinen Zielen ablenken lassen.«

Ikeda: Ihre Worte spiegeln das Leben eines großen Mannes wider, der seine Mission ungeachtet aller Schwierigkeiten und Hindernisse erfüllt hat, unbeeinflusst von Kritik oder Lob, so wie es in den buddhistischen Schriften beschrieben wird: »Ein bewundernswerter Mensch verdient diese Bezeichnung deshalb, weil er sich nicht von den acht Winden forttragen lässt: Wohlstand, Verschlechterung, Schande, Ehre, Lob, Tadel, Leid und Freude.«

Rotblat: Ich versuche es. Jedenfalls machte ich einen Spaziergang, und als ich ins Büro zurückkehrte, war die Straße vor dem Gebäude voller Reporter und Kameraleute. Als ich die Menge sah, wurde mir klar, dass es nicht einfach sein würde, meinen Entschluss durchzuhalten.

Ikeda: Bei dieser Gelegenheit drückten Sie Ihre Hoffnung aus, dass – da der Nobelpreis, den Sie gemeinsam mit der Pugwash-Bewegung verliehen bekamen, ja an Naturwissenschaftler ging, die sich für die Abschaffung von Atomwaffen eingesetzt hatten – nun viele Wissenschaftler anfangen würden, intensiver über die Auswirkungen ihrer Arbeit auf die Gesellschaft nachzudenken. Sie sagten auch: »Meine Arbeit ist noch nicht beendet.« Damit drückten Sie Ihre feste Entschlossenheit aus, Ihre Aktivitäten fortzusetzen, um schließlich die völlige Abschaffung der Nuklearwaffen zu erreichen.

Und Sie haben tatsächlich, wie Sie ja bereits erwähnten, Ihre Aktivitäten bis heute fortgesetzt und nicht einen einzigen Tag in Ihren Bemühungen nachgelassen, um die Abschaffung der Atomwaffen zu erreichen. Im Mai 2003 haben Sie freundlicherweise an der Ausstellung *Linus Pauling and the Twentieth Century* (Linus Pauling und das 20. Jahrhundert) teilgenommen, die die SGI in Genf im europäischen UN-Hauptquartier veranstaltete. Damals hörte ich Sie zu einem SGI-Mitglied sagen: »Man bat mich, meine Memoiren zu schreiben, doch ich glaube, es ist Zeitverschwendung, sich Gedanken über die Vergangenheit zu machen. Ich habe noch Berge von Arbeit vor mir.«

Sie sind so aktiv und zupackend und blicken immer nach vorne! Ich bin fest entschlossen, Ihrem Beispiel zu folgen.

Rotblat: Das ist sehr freundlich von Ihnen. Ich habe ebenfalls großen Respekt vor Ihnen und Ihren unermüdlichen Bemühungen um den Weltfrieden.

Als ich erfuhr, dass ich den Nobelpreis gewonnen hatte, war mir sofort klar, dass es nun mit dem ruhigen und friedlichen Leben, das ich bis dahin geführt hatte, vorbei sein würde. Und diese Vorahnung hat sich tatsächlich erfüllt. Seit nunmehr zehn Jahren erhalte ich mehr Einladungen als Vortragsredner, als ich annehmen kann. Es ist unmöglich, in mein früheres Leben zurückzukehren.

Manchmal sage ich scherzhaft, ich sei seit der Verleihung des Nobelpreises ein schlechterer Mensch geworden, denn früher habe ich jeden Brief persönlich beantwortet. Wenn mir jemand eine Einladung schickte, nahm ich sie bereitwillig an. So bin ich eben. Doch das war nach der Verleihung des Nobelpreises einfach nicht mehr zu schaffen.

Ikeda: Was Sie sagen, zeigt nur, wie offen und ehrlich Sie sind. Der Reporter von Seikyo Press, der Sie kürzlich interviewte, sagte hinterher, er sei von Ihrer Aufrichtigkeit beeindruckt gewesen.
Professor Rotblat, Sie sind dafür bekannt, dass Sie sich vor jeder internationalen Konferenz, an deren Planung Sie beteiligt sind, persönlich vergewissern, ob alles in Ordnung ist. In der Nacht vor der Konferenz in Okinawa im Jahr 2000, die von unserem Toda Institute for Global Peace and Policy Research gesponsert wurde, sollen Sie in den Konferenzraum gekommen sein, um die Funktionstüchtigkeit des Projektors und des Mikrofons zu überprüfen, und dabei sehr freundlich mit dem Personal über die Vorbereitungen für Ihre programmatische Rede gesprochen haben, die Sie am nächsten Tag halten wollten.

Rotblat: Das ist einfach meine Art. Doch nach der Verleihung des Nobelpreises wurde es für mich immer schwieriger, auf meine Art zu leben. Ich erhalte beispielsweise Hunderte von Briefen und kann sie nicht mehr alle persönlich beantworten. Ich musste einen Sekretär einstellen. Toms Bruder hat also die Aufgabe übernommen, Briefe für mich zu beantworten. Das ist keine ideale Situation und vielleicht sogar ein bisschen unhöflich. Es gefällt mir gar nicht, aber es geht einfach nicht anders. Außerdem kann ich aus gesundheitlichen Gründen nicht mehr alle

Einladungen als Vortragsredner annehmen. Dennoch habe ich bis vor einem Jahr so viele Einladungen wie möglich angenommen. Aber dann wurde ich krank und mein Leben änderte sich noch einmal. Ich musste meine Aktivitäten aus medizinischen Gründen sehr stark einschränken. Jetzt muss ich sehr auf meine Gesundheit achten und meine physischen Grenzen respektieren, wenn es darum geht, zu entscheiden, wie viel ich arbeite und wann ich zu Konferenzen reise.

»Denkt an eure Verantwortung gegenüber der Menschheit«

Ikeda: Professor Rotblat, Sie sind das Gewissen der Menschheit und ein wahrer Segen für die Welt. Ich wünsche Ihnen von ganzem Herzen, dass Sie gesund bleiben, und hoffe, dass Sie mit Ihrer Arbeit noch lange fortfahren können.

Um noch einmal auf unser Gespräch über den Nobelpreis zurückzukommen; das Nobelpreiskomitee gab anlässlich der Verleihung des Preises an Sie und die Pugwash-Bewegung folgende Erklärung ab:

> Seit dem Abwurf der beiden Atombomben auf Hiroshima und Nagasaki sind nun 50 Jahre vergangen, und vor 40 Jahren wurde das Russell-Einstein-Manifest veröffentlicht. Dieses Manifest legte den Grundstein für die Pugwash-Bewegung, die sich bis heute unermüdlich um den Weltfrieden bemüht. Joseph Rotblat war einer der elf Wissenschaftler, die das Manifest unterzeichneten, und ist seither die treibende Kraft der Pugwash-Konferenzen.
>
> Grundlage der Konferenzen ist die Anerkennung der Tat-

sache, dass Wissenschaftler für ihre Erfindungen verantwortlich sind. Die Pugwash-Bewegung hat immer wieder auf die katastrophalen Folgen des Einsatzes neuer Waffensysteme hingewiesen. Sie brachte Wissenschaftler und Entscheidungsträger zusammen, damit diese gemeinsam über alle politischen Differenzen hinweg konstruktive Vorschläge zur Verringerung der nuklearen Bedrohung erarbeiten.

Es freut mich sehr, dass Ihre Arbeit auf diese Weise offiziell gewürdigt wurde und nun ein historisch dokumentierter Teil der Menschheitsgeschichte geworden ist.
Ihre Dankesrede bei der Preisverleihung in Oslo im Dezember 1995 fand ich sehr bewegend. Sie vermittelten Ihr persönliches Verständnis von Frieden, und ich frage mich, was Ihnen wohl durch den Kopf ging, als Sie damals diese Rede hielten.

Rotblat: Mir stand für meine Rede nur eine begrenzte Zeit zur Verfügung, und deshalb konnte ich nicht alles sagen, was ich gerne gesagt hätte. Ich beschloss also, mich auf einige ausgewählte Punkte zu konzentrieren. Zunächst machte ich mir klar, dass sich das Publikum aus drei verschiedenen Gruppen von Menschen zusammensetzte: Regierungsvertretern, Wissenschaftlern und dem allgemeinen Publikum. Ich appellierte an den Überlebensinstinkt, das heißt, ich plädierte für eine friedliche Koexistenz als einzige Chance für das Überleben der Menschheit. Das war das zentrale Thema meiner Rede.
Mit folgenden Worten wandte ich mich an die Regierungsvertreter: »Ich appelliere also an die Atommächte, das überholte Denken aus der Zeit des Kalten Krieges hinter sich zu lassen und die Dinge mit neuen Augen zu betrach-

ten. Vor allem bitte ich sie, zu bedenken, welche Langzeitbedrohung Atomwaffen für die Menschheit darstellen, und Maßnahmen zu ergreifen, die eine Abschaffung dieser furchtbaren Waffen möglich machen. Denkt an eure Verantwortung gegenüber der Menschheit.«

Ikeda: Mit Ihrer Rede haben Sie den Menschen eine zeitlose Botschaft hinterlassen. Professor Rotblat, wie Sie seit vielen Jahren immer wieder betonen, ist die Theorie der nuklearen Abschreckung, der zufolge die Existenz von Nuklearwaffen Krieg verhindert, reine Fantasie. Doch leider haben die Atommächte auch zehn Jahre nach dem Ende des Kalten Krieges ihre Atomwaffen noch nicht abgeschafft und begründen dies mit »nationalen Sicherheitsinteressen«.
Und heute beschleunigt sich die Weiterverbreitung von Atomwaffen nicht nur durch die Atomwaffenprogramme Indiens und Pakistans, auch Nordkorea plant ein atomares Forschungsprogramm. Wenn wir außerdem sehen, wie die weitere Verbreitung von Atomwaffen beispielsweise durch die USA vorangetrieben wird, die neue Generationen von Atombomben entwickeln, müssen wir große Sorge haben, dass das gesamte Nichtverbreitungssystem, das ja ins Leben gerufen wurde, um die atomare Abrüstung sicherzustellen, in einer tiefen Krise steckt.

Rotblat: Da bin ich absolut Ihrer Meinung. Deshalb hat die Jahresversammlung der Pugwash-Bewegung, die 2004 in Korea stattfand, gewarnt: »Während sich die Atommächte Gesprächen über die Abschaffung der Kernwaffen verweigern, setzt sich die Verbreitung dieser Waffen fort.«

Ikeda: Das ist so wahr. Obwohl die NVV-Konferenz (Konferenz über die Nichtverbreitung von Atomwaffen) vor fünf Jahren [2000] eine Resolution verabschiedete, in welcher die »Verpflichtung der Atommächte zu vollständiger nuklearer Abrüstung« formuliert wurde, machen diese Bemühungen keinerlei Fortschritte – und das ist höchst bedauerlich.
Wenn der Prozess der nuklearen Abrüstung weiterhin stagniert, sollte den politischen Führern der Atommächte klar sein, dass das Vertrauen der internationalen Gemeinschaft in das NVV-System erschüttert wird und nicht nur die Gefahr der weiteren Verbreitung von Atomwaffen, sondern auch der von biologischen, chemischen oder anderen Massenvernichtungswaffen steigt.

Rotblat: Ich teile Ihre Besorgnis. Nach den Terroranschlägen vom 11. September 2001 in den USA habe ich meine Sorge ausgedrückt, dass Terroristen versuchen könnten, in den Besitz von Nuklearwaffen zu gelangen.
In meiner Dankesrede hob ich damals nicht nur die Verantwortung der politischen Führer, sondern auch die der Wissenschaftler hervor. Aufgrund meiner eigenen Erfahrung mit der Dummheit und Grausamkeit des Manhattan-Projekts richtete ich auch einen Appell an die Wissenschaftler.

> Sie leisten mit Ihrer Arbeit einen wichtigen Beitrag, indem Sie die Grenzen des Wissens ausdehnen, aber Sie tun das oft, ohne darüber nachzudenken, welche Auswirkungen Ihre Arbeit auf die Gesellschaft hat. Auch heute noch wird nach Maximen wie »Wissenschaft ist wertfrei« oder »Wissenschaft hat nichts mit Politik zu tun« gehandelt. Diese sind aber Überbleibsel einer Elfenbeinturmmentalität, ob-

wohl der Elfenbeinturm letztendlich durch die Hiroshima-Bombe zerstört wurde.

Ikeda: In Ihrer Rede erwähnten Sie auch Stanley Kubricks Film *Dr. Seltsam oder wie ich lernte, die Bombe zu lieben* [1964], in dem es um die Verantwortung und das Gewissen des Wissenschaftlers geht, und wiesen auf die schändliche Rolle hin, die die Wissenschaft bei der Entstehung des Wettrüstens gespielt hat.

Rotblat: Ja. Naturwissenschaftliche Zusammenhänge und wissenschaftliches Denken haben mich bereits in meiner Jugend fasziniert, und ich war sicher, dass die Wissenschaft der höchste Ausdruck menschlicher Intelligenz ist. Aber gleichzeitig war ich immer zutiefst davon überzeugt, dass sie dem Wohle der Menschheit dienen müsse. Ich hätte nie gedacht, dass ich die zweite Hälfte meines Lebens dem Versuch widmen würde, die Menschheit vor den gefährlichen und bedrohlichen Aspekten wissenschaftlicher Erkenntnisse zu schützen.
Mit diesen beunruhigenden Gedanken im Sinn wollte ich an die Wissenschaftler der Welt appellieren, sich ihre Menschlichkeit und ihr Gewissen zu bewahren.

Ikeda: Ich verstehe Ihren Schmerz und Ihre Besorgnis. Im Grunde ist Wissenschaft weder gut noch schlecht. Der Mensch, der sich ihrer bedient, bestimmt, zu welchen Zwecken sie eingesetzt wird. So gesehen tragen die Wissenschaftler in den Grenzbereichen der Wissenschaft die größte Verantwortung.

Rotblat: Ja. Das stimmt. Am Ende meiner Rede appellierte ich schließlich an alle Menschen dieser Erde, denn

um eine freie und friedliche Welt ohne Nuklearwaffen und Kriege zu schaffen, bedarf es der Willensanstrengung und des entsprechenden Handelns vieler Menschen.
Ich glaube, dass wir eine neue Kultur der Loyalität entwickeln müssen, die über die Loyalität der Menschen zu ihrem Staat oder ihrer Nation hinausgeht. Wir müssen im Herzen eines jeden Menschen das Bewusstsein der Weltbürgerschaft wecken und die Bereitschaft zur Loyalität gegenüber der gesamten Menschheit. Am Ende meiner Rede rief ich also die Zuhörer mit den folgenden Worten aus dem Russell-Einstein-Manifest dazu auf, aktiv einen Beitrag zum Frieden zu leisten: »Wir wenden uns als Menschen an unsere Mitmenschen: Erinnert euch eures Menschseins und vergesst alles andere! Wenn ihr das vermögt, dann öffnet sich der Weg zu einem neuen Paradies. Könnt ihr es nicht, droht euch allen der Tod.«

Ikeda: Das ist eine berühmte Passage. Dieser Geist des Russell-Einstein-Manifestes ist seit der Gründung der Pugwash-Organisation lebendig geblieben.
Am Schluss Ihrer Rede berührte mich besonders Ihr Appell an die Menschen in aller Welt, ein neues Bewusstsein und Verantwortungsgefühl zur Schaffung eines weltweiten Friedens zu entwickeln. Das war in meinen Augen eine große Ermutigung für diejenigen unter uns, die an der Basis für den Weltfrieden kämpfen. Von dieser »Loyalität gegenüber der gesamten Menschheit« hat auch Professor Arnold Toynbee gesprochen. Bei einem unserer Gespräche drückte er das mit folgenden Worten aus: »Meine ganze Loyalität gilt der Menschheit, nicht meinem Staat und auch nicht dem Establishment, das diesen Staat kontrolliert.«[1]
Er sagte, man müsse, um die Staatsmacht auf ihre ange-

messene und legitime Rolle zu begrenzen, praktisch alle Menschen dazu bewegen, ihre traditionelle, quasi-religiöse Hingabe an Nationen aufzugeben.[2]

Rotblat: Wenn man zur Loyalität gegenüber der gesamten Menschheit aufruft, heißt das natürlich nicht, dass man die Loyalität gegenüber seinem Land aufgeben würde. Jeder von uns verspürt ein gewisses Zugehörigkeitsgefühl und eine Loyalität gegenüber verschiedenen Institutionen, angefangen bei der Familie, der kleinsten Gruppe, bis hin zur Nation als der größten Gruppe. Das Wichtigste ist allerdings, dass wir uns nicht durch ein allzu begrenztes Loyalitätsdenken einschränken. Ich glaube daher, dass wir die Probleme und Bedrohungen, die ja nicht an den Landesgrenzen haltmachen, sondern auf globaler Ebene auftauchen, nur dann überwinden können, wenn jeder Einzelne sein Loyalitätsgefühl auf die gesamte Menschheit ausdehnt.

Ikeda: In meiner Gedenkansprache, die ich jedes Jahr im Januar halte, weise ich immer wieder darauf hin, wie wichtig es ist, dass wir den Übergang in eine Ära schaffen, die mehr den Interessen der gesamten Menschheit und der Erde dient als der Nation.
Karl Jaspers beschreibt die Umstände, in die der moderne Mensch gestellt ist:

> Der moderne Mensch muss den einen oder den anderen Weg wählen. Entweder er stürzt in den Abgrund, den wir den »Verlust der Menschlichkeit« oder »Verlust der menschlichen Welt« nennen, mit anderen Worten, das Ende der menschlichen Existenz als solcher, oder er schafft durch die Veränderung seiner selbst den Sprung in das ursprüng-

> lich Menschliche oder entdeckt dieses durch einen glücklichen Zufall wieder.[3]

Die ganz gewöhnlichen Menschen sollten in diesem Zeitalter die wichtigste Rolle spielen. Wenn jeder von ihnen mit Menschlichkeit seinen Teil dazu beiträgt, das Netz der Solidarität zu weben und zu erweitern, um das Wort »Tragödie« auszuradieren, ist viel erreicht. Das ist das wichtigste Ziel der Bewegung der SGI für eine »menschliche Revolution«, die in 190 Ländern und Gebieten der Erde aktiv ist.

7

Die Abschreckungslüge und die Vision der Abschaffung

Ikeda: Heute ist die atomare Abrüstung, auf die sich die Atommächte geeinigt hatten, praktisch zum Stillstand gekommen, und die weitere Verbreitung von Kernwaffen entwickelt sich zu einer realen Krise. Doch trotz dieser rasch wachsenden Bedrohung scheinen die Besorgnis über diese Entwicklung und das Engagement für die Abschaffung der Atomwaffen immer geringer zu werden. Dieses Szenario ist ein ernster Grund zur Sorge.
Während wir bei unserem heutigen Gespräch auf das Nachkriegs-Atomzeitalter zurückblicken, würde ich gerne mit Ihnen über unsere nächsten Schritte sprechen und gemeinsam mit Ihnen überlegen, welche Strategien uns helfen könnten, tatsächlich eine atomwaffenfreie Welt zu schaffen.

Rotblat: Während des Kalten Krieges haben die USA und die Sowjetunion Unmengen von Kernwaffen produziert und gehortet. Einer neueren Schätzung zufolge hat allein das US-Atomwaffenarsenal die millionenfache Zerstörungskraft der Hiroshima-Bombe. Damit kann man nicht nur unsere Kultur zerstören, es ist mehr als genug, um die gesamte Menschheit zu vernichten. Das Besondere am Atomzeitalter ist also die unausweichliche Realität, dass die Menschheit nun die technischen Mittel besitzt, um sich mit einem Schlag selbst auszulöschen.

In der kurzen Zeitspanne seit der Bombardierung der Städte Hiroshima und Nagasaki wurde eine absurde Unmasse von Nuklearwaffen angehäuft, und wir waren mehrmals kurz davor, sie tatsächlich einzusetzen. Es wäre sicher keine Übertreibung, zu behaupten, dass wir der absoluten Katastrophe bisher nur durch Glück entgangen sind und nicht aufgrund eines intelligenten Krisenmanagements.

Wessen Frieden? Warum so viele Sprengköpfe?

Ikeda: Da stimme ich Ihnen völlig zu. Manche Leute sind der Ansicht, der Kalte Krieg sei vom Westen gewonnen worden oder habe die notwendigen Voraussetzungen für eine Atomwaffenstrategie geschaffen, die zur Erhaltung des Friedens beitrug. Aber diese Sichtweise scheint mir doch sehr einseitig und voreingenommen. Der Behauptung, der Friede sei bewahrt worden, würde ich zunächst einmal die Frage entgegensetzen: »Wessen Frieden?« In Wirklichkeit war das Konzept der atomaren Abschreckung keineswegs ein Friedensengel, der Krieg verhinderte. Es führte eher zu einer Zunahme des Misstrauens zwischen Ost und West und zieht uns wie ein Magnet in Konflikte hinein, die sich oft genug in Stellvertreterkriegen entladen. Für die Völker der koreanischen Halbinsel, Indochinas und Mittelamerikas waren Atomwaffen die teuflische Ursache für ihre Verstrickung in Kriege.

Zweitens erwies sich die Abschreckungstheorie während der Kuba-Krise, die uns an den Rand eines Atomkriegs brachte, als falsch, und wir wissen heute, dass die Situation viel kritischer war, als damals im Allgemeinen angenommen wurde. Robert McNamara, der damalige US-

Staatssekretär und Mitglied der Canberra-Kommission, sagte einmal: »Wir haben vielleicht klug gehandelt, aber wir hatten mindestens genauso viel Glück …«[1] Er schrieb auch: »Die undefinierbare Mischung aus menschlicher Fehlbarkeit und Kernwaffen birgt ein sehr hohes Risikopotenzial für eine nukleare Katastrophe.«[2]
Im Nachhinein könnte man sagen, dass die Krise gut gehandhabt wurde, doch es gab zahlreiche andere Situationen, die zu einem unbeabsichtigten Atomkrieg hätten führen können. Das bekannteste Beispiel aus der jüngeren Vergangenheit ereignete sich am 25. Januar 1995, als russische Radartechniker eine norwegische Forschungsrakete für eine Atomrakete hielten und der russische Präsident einen atomaren Gegenschlag in Erwägung zog.
Michail Gorbatschow beschloss, den Kalten Krieg zu beenden, weil er als wichtigster Entscheidungsträger die drohende Gefahr eines unbeabsichtigt ausgelösten Atomkrieges sofort erkannte.
Ich werde mich stets daran erinnern, wie Herr Gorbatschow mit Nachdruck zu mir sagte: »Die Welt war an einen gefährlichen Abgrund geraten. Jeder ernsthafte politische Konflikt hätte einen Atomkrieg auslösen können, in welchem der Sozialismus, der Kapitalismus und alle ideologischen Vorlieben in Rauch aufgegangen wären.«[3]

Rotblat: Was mir heute am meisten Sorge bereitet, ist die Tatsache, dass sich das Bewusstsein der meisten Menschen im Hinblick auf Atomwaffen überhaupt nicht verändert hat. Insbesondere die politischen Führer halten an der Vorstellung fest, Atomwaffen seien notwendig für ihre nationale Sicherheit. Solange Atomwaffen existieren, wird die drohende Vernichtung der Menschheit immer wie ein Damoklesschwert über unseren Köpfen hängen.

Ikeda: Es gibt heute über 30 000 Kernwaffen auf der Erde und 12 000 davon sind strategische Nuklearwaffen.

Rotblat: Ich kann einfach nicht verstehen, warum man es für nötig hielt, so viele Atomwaffen zu produzieren. Für die atomare Abschreckung hätte ein Hundertstel ausgereicht. Doch die politische Marschroute gab vor, immer mehr Atomwaffen zu produzieren – angeblich zur Abschreckung und nicht für einen Angriffskrieg.
Das als »beiderseitige Bereitschaft zum nuklearen Gegenschlag« (»Mutually Assured Destruction«) bekannte Konzept könnte man in den aggressiven Ausruf übersetzen: »Wenn ihr uns angreift, könnt ihr euch darauf verlassen, dass wir zurückschlagen!« Der Besitz riesiger Atomwaffenarsenale zur Verhinderung gegenseitiger Zerstörung ist natürlich eine extrem gefährliche Politik, die auf einem Klima der Angst beruht.

Ikeda: Die Abkürzung von »Mutually Assured Destruction« ist MAD, das englische Wort für »verrückt« oder »wahnsinnig«.

Rotblat: Ja, das ist doch sehr aufschlussreich, nicht wahr? Im Westen verbreitet sich zunehmend die Vorstellung, Atomwaffen hätten während des Kalten Krieges einen sowjetischen Angriff und somit den Dritten Weltkrieg verhindert. Diese Theorie ließ sich allerdings nicht anhand der offiziellen sowjetischen Dokumente erhärten, die westlichen Historikern in die Hände fielen. Nach dem Ende des Kalten Krieges und der Auflösung der Sowjetunion war der ideologische Konflikt zwischen Ost und West alles andere als vergessen. Und das alte Denken ist immer noch präsent und bestimmt die Politik einiger Länder.

Ikeda: Obwohl die Abschaffung sämtlicher Atomwaffen der einzige vernünftige Kurs ist, den man einschlagen kann, sind wir dazu nicht in der Lage. Das hängt damit zusammen, dass, wie Einstein sagte, sich die Welt ändert, aber das Denken des Menschen in der Vergangenheit steckenbleibt. Man muss natürlich auch den ökonomischen Faktor in Betracht ziehen. Es gibt heute Gruppen, die unmittelbar von der Aufrechterhaltung des gegenwärtigen internationalen militärischen Sicherheitsarrangements profitieren, welches ja dazu beigetragen hat, dass Atomwaffen in so hoher Stückzahl produziert wurden. Dieses Phänomen bezeichnete der frühere amerikanische Präsident Dwight D. Eisenhower als den »militärisch-industriellen Komplex«. Trotz der ungeheuren Dimension dieses Problems zeigt sich, dass viele Menschen ihre Stimme erheben, um sich für die Abschaffung der Atomwaffen einzusetzen. Sie dienen quasi als Bremse und schaffen eine Basis zur Unterstützung eines internationalen Netzwerks für atomare Abrüstung.
Fünf Jahre nach der Bombardierung von Hiroshima und Nagasaki erwogen die USA den Einsatz von Atomwaffen im Koreakonflikt, nahmen dann jedoch Abstand von ihrem Vorhaben. Schon damals übte die öffentliche Meinung Druck aus und beeinflusste die Entscheidung. Im selben Jahr wurden für den Stockholm-Appell zur nuklearen Abrüstung 500 Millionen Unterschriften in aller Welt gesammelt.

Rotblat: Seit dem Beginn des sogenannten nuklearen Zeitalters war der weltweite Ruf nach Abschaffung der Atomwaffen unüberhörbar. Wie reagierten die Menschen auf

die Bombardierung von Hiroshima und Nagasaki? Sie lehnten sie ab, weil diese neue Technologie ein unfassbar zerstörerisches Potenzial besaß und, noch schlimmer, weil sie die blinde Zerstörungskraft dieser Waffe selbst sehen konnten. Vielen Menschen war von Anfang an bewusst, dass der Bau von Atomwaffen eine zutiefst unmoralische Anwendung moderner Technologie darstellte.
Man war sich beispielsweise darüber im Klaren, dass der Einsatz von Atomwaffen, selbst wenn er formal legal wäre, aus moralischen Gründen verboten werden müsste. So gelangte man zu dem Konsens, dass der Einsatz von Kernwaffen unmoralisch ist, und es wurden große Anstrengungen unternommen, ihn für illegal erklären zu lassen.

Ikeda: Professor Rotblat, um die Abschaffung der Atomwaffen voranzutreiben, muss man nicht nur in moralischer, sondern auch in juristischer Hinsicht Stellung beziehen.

Rotblat: Ja. Vielleicht wissen nur wenige Menschen, dass es bei der ersten Resolution der ersten Hauptversammlung der Vereinten Nationen im Januar 1946 um das Thema »atomare Abrüstung« ging. Das Resultat war die Bildung eines Komitees, das sich mit den Problemen befassen sollte, die aufgrund der Entdeckung der Atomenergie entstanden waren. Die UN-Versammlung war von Anfang an strikt gegen Atomwaffen.
Der Nichtverbreitungsvertrag (NVV) oder Atomwaffensperrvertrag, der 1970 in Kraft trat, gab den Stimmen, die die Abschaffung der Atomwaffen forderten, juristisches Gewicht. Zu den Unterzeichnern des Vertrags gehörten auch die fünf offiziellen Atommächte, und das bedeutet, dass diese Staaten im juristischen Sinne verpflichtet sind,

die Bemühungen um atomare Abrüstung in ihrem eigenen Land voranzutreiben.
Dieser Vertrag besteht im Wesentlichen aus zwei Teilen. Im ersten Teil wird erklärt, dass kein Land Atomwaffen entwickeln, herstellen oder erwerben soll. Das bedeutet, dass die Nichtnuklearstaaten absolut keine Atomwaffen besitzen dürfen.
Der zweite Teil des Abkommens bezieht sich auf die fünf Länder, die zum Zeitpunkt der Ratifizierung des Vertrags bereits im Besitz von Atomwaffen waren. Das waren die USA, die UdSSR, England, Frankreich und China. Andere Länder entwickelten Kernwaffen, waren aber noch nicht als Atommächte anerkannt. Eines dieser Länder war Israel. Viel später folgten Indien und Pakistan. Die Anzahl der offiziellen Atommächte stieg somit nach und nach auf acht.
Der zweite Teil des Vertrags gilt für diese acht Länder und dreht sich um nukleare Abrüstung. Es ist der wichtigste Teil des Vertrags.

Ikeda: Sie beziehen sich auf den Artikel, in dem es um die Verantwortung der Atommächte geht, in gegenseitigem Vertrauen Abrüstungsverhandlungen zu führen.
Mit anderen Worten, im Rahmen des NVV verzichten die atomwaffenfreien Staaten auf die Entwicklung und Herstellung von Kernwaffen, wenn die Atommächte sich im Gegenzug verpflichten, ihre Atomwaffen abzuschaffen. Das bedeutet natürlich, dass die Nichtverbreitung und die nukleare Abrüstung zwei Aspekte derselben Bemühungen darstellen. In der Realität sieht es jedoch so aus, dass die Atommächte Artikel 6 ignorieren oder auf die leichte Schulter nehmen.

Wenn das mächtigste Land der Erde vertragsbrüchig wird

Rotblat: Deshalb wurden die wichtigsten Atommächte bei der NVV-Kontrollkonferenz im Jahre 2000 aufgefordert, ein eindeutiges Bekenntnis zur nuklearen Abrüstung abzugeben. Doch obwohl fast alle unterzeichnenden Staaten der Abschaffung ihrer Kernwaffen zustimmten und obwohl spezielle Ziele vorgegeben wurden, um dies zu erreichen, scheint die gegenwärtige US-Administration der Ansicht zu sein, dass der Vertrag die weitere Existenz von Atomwaffen erlaubt. Das ist jedoch ein klarer Vertragsbruch. Im Grunde bricht das mächtigste Land der Erde den nuklearen Abrüstungsvertrag.

Wir leben in einer zivilisierten Gesellschaft. Und eine zivilisierte Gesellschaft hält sich an die Gesetze. Ein bestimmtes Gesetzeswerk regelt die nationalen Angelegenheiten, ein anderes die internationalen. Die Gesellschaftsstruktur kann nur aufrechterhalten werden, weil sich die Menschen an diese Gesetze halten. Wenn also ein Vertrag unterzeichnet wird, ist es unabdingbar, dass die Vertragsparteien den Vertrag einhalten.

Ikeda: Im Hinblick auf die Bewegung zur Abschaffung der Atomwaffen kann man rückblickend sagen, dass die NVV-Kontrollgespräche, die im Jahre 2000 geführt wurden, um die Bereitschaft der wichtigsten Atommächte zur atomaren Abrüstung zu klären, eindeutig ergaben, dass in den vergangenen zehn Jahren Fortschritte erzielt worden sind – beispielsweise durch die Bemühungen in den 1990er Jahren –, Atomwaffen generell für illegal zu erklären.

Fortschritte zeigen sich auch in Entwicklungen wie dem Urteil des Internationalen Gerichtshofes, das besagt, dass

»die Androhung des Einsatzes oder der Einsatz von Atomwaffen generell gegen internationales Recht, welches in bewaffneten Konflikten Anwendung findet, und insbesondere gegen Vorschriften und Prinzipien des humanitären Völkerrechts verstößt« (Juli 1996), der Anerkennung des umfassenden Atomwaffenteststoppvertrags (CTBT; September 1996) sowie der Schaffung von selbst erklärten »atomwaffenfreien Zonen«.
Doch nach den Terroranschlägen vom 11. September 2001 geriet die Welt in eine Spirale der Gewalt zwischen Terroristen und Antiterror-Vergeltungsaktionen. Und während es ein großes Jammern und Klagen über die Bedrohung durch eine weitere Verbreitung von Atomwaffen und die Kooperation von Terroristen und »Schurkenstaaten« gibt, verliert niemand ein Wort über die monströsen Kernwaffenarsenale der Atommächte. Diese ungerechte und verzerrte Weltordnung dient letztendlich als Brutstätte für neue Terroristen.

Rotblat: Ich betrachte die Verbindung von Terrorismus und Atomwaffen – also »atomaren Terrorismus« – als eine Erweiterung der Politik der atomaren Abschreckung, weil »atomare Abschreckung« eigentlich die krasseste Form von Terrorismus ist. Mit anderen Worten, man ist bereit, Atomwaffen einzusetzen, um die eigenen politischen Ansichten und Ideologien durchzusetzen. Und das ist nichts anderes als Terrorismus.
Wenn man sich das einmal vor Augen führt, bedeutet es, dass im Fall des Falles die politischen Führer bestimmter Länder – ob Wladimir Putin oder George W. Bush – psychisch dazu fähig sein müssten, den Knopf zu drücken, der die ganze Welt zerstören würde. Das ist meiner Ansicht nach ebenfalls eine Form des Terrorismus.

Ikeda: Der Begriff »Terrorismus« wird ja heute benutzt, um Gewalttaten von Gruppen zu beschreiben, die nicht als »staatliche Autoritäten« agieren, aber eigentlich bedeutet dieses Wort »Schreckensherrschaft«, so wie sie beispielsweise von Robespierre während der Französischen Revolution ausgeübt wurde. Ursprünglich diente der Begriff »Terrorismus« also zur Beschreibung von Gewalt, die von staatlichen Autoritäten verübt wurde.
Das erinnert mich an eine Geschichte über Alexander den Großen, die vom römischen Kaiser Augustus erzählt wurde. Als Alexander einst Piraten tadelte, die auf den Meeren Angst und Schrecken verbreiteten, erwiderten die Piraten: »Weil ich das mit einem kleinen Schiff tue, nennt man mich einen Piraten. Du tust es mit einer großen Flotte und wirst Eroberer genannt.«[4]
Jedenfalls wird der Begriff »Terrorist«, wie viele Menschen, einschließlich des UN-Generalsekretärs Kofi Annan (seit 1. Januar 2007 abgelöst von Ban Ki Moon, A.d.Ü.) betonen, seit den Terroranschlägen des 11. September allzu simplifizierend gebraucht und manchmal sogar als strategisches Mittel missbraucht, um andere wichtige Aspekte zu verschleiern.

Wenn Politik auf Gewalt beruht

Rotblat: Dass sich der Terrorismus in einem solchen Ausmaß über die ganze Welt verbreitet, ist das direkte Resultat politischer Handlungsweisen und Entscheidungen, die auf Gewalt beruhen. Wenn wir den Terrorismus bekämpfen wollen, müssen wir anfangen, eine Friedenskultur zu entwickeln, und dürfen nicht die Strategie verfolgen, welche von den USA angewendet wird.

Wie oft sagen wir jungen Leuten, dass sie auf Gewalt verzichten sollen. Doch diese jungen Menschen erleben, dass wir versuchen, mithilfe der fürchterlichsten Waffen, die je von Menschen erfunden wurden, Frieden zu schaffen. Diese Haltung fördert letztendlich eine Kultur der Gewalt.

Ikeda: Da stimme ich Ihnen zu. Wir müssen wirklich ernsthafter darüber nachdenken, auf welche Weise wir diese Kriegskultur geschaffen haben. Viele Jahre haben wir in der Dritten Welt auf der Würde der Menschen herumgetrampelt, und zwar sowohl mit offener Gewalt während der Kolonialherrschaft als auch mit indirekter, struktureller Gewalt durch die lähmende Armut und Ungleichheit.
Groll und Frustration sind die Wurzeln des Terrorismus in der heutigen Welt. Wenn wir uns ausschließlich auf religiöse Konflikte und das Aufeinanderprallen der Kulturen konzentrieren, interpretieren wir das Problem möglicherweise falsch. Natürlich kann es nie eine Entschuldigung für Terrorismus geben, und es ist dringend notwendig, ein internationales Netzwerk zur Bekämpfung des Terrorismus aufzubauen. Das kann jedoch nur eine Teillösung sein und kein Weg zu einer grundlegenden Lösung des Problems. Der andere Teil der Lösung muss darin bestehen, etwas gegen die Bedingungen und Zustände zu tun, die den Terrorismus überhaupt erst begünstigen. Dazu gehört das Bemühen, eine Welt zu schaffen, die auf den Grundprinzipien von Gleichberechtigung und Koexistenz ruht.
Als erster Schritt hin zu einer solchen Welt müsste die Bedrohung durch Atomwaffen und die damit verbundene Möglichkeit zur Vernichtung der Menschheit beseitigt werden. Sie haben gemeinsam mit der Pugwash-Bewe-

gung wertvolle Forschungsarbeit geleistet, um diesem Ziel näherzukommen. Ich möchte Sie gerne fragen, Professor Rotblat, ob Sie glauben, dass es tatsächlich möglich ist, Atomwaffen generell abzuschaffen, und wenn ja, wie das erreicht werden kann.

Die Canberra-Kommission: warum Atomwaffen abgeschafft werden müssen und wie dies erreicht werden kann

Rotblat: Im Jahre 1990, kurz nach dem Fall der Berliner Mauer, begann die Pugwash-Organisation über die Möglichkeiten zur Schaffung einer atomwaffenfreien Welt zu forschen. Die Ergebnisse dieser Analyse wurden im Jahre 1993 in einem Forschungsbericht mit dem Titel *A Nuclear-Weapon-Free World: Desirable? Feasible?*[5] (Ist eine atomwaffenfreie Welt wünschenswert und realisierbar?) veröffentlicht. Aber es haben auch andere Leute zu diesem Thema geforscht, darunter eine Reihe renommierter Forschungsinstitute wie das Henry L. Stimson Center in Washington und das Committee on International Security and Arms Control (Komitee für internationale Sicherheit und Rüstungskontrolle) der amerikanischen National Academy of Science. Zusätzliches Gewicht erhalten diese Bemühungen durch den Spruch des Internationalen Gerichtshofs und die Erklärung über Nuklearwaffen der internationalen Vereinigung *International Generals and Admirals,* der 60 Mitglieder aus 17 Nationen angehören. Die wichtigste Erklärung dieser Art findet sich im Bericht der Canberra-Kommission, der im August 1996 veröffentlicht wurde. Darin wurde zunächst die Frage gestellt: »Warum müssen wir Atomwaffen abschaffen?«, was dann in der Frage mündete: »Wie können Atomwaffen abgeschafft werden?«

Ikeda: Sie waren eines der 17 Mitglieder der Kommission. Der Bericht der Canberra-Kommission erregte weltweit Aufmerksamkeit.

Rotblat: Die ersten beiden Vorschläge drehten sich um rein militärische Aspekte. Mit anderen Worten, man diskutierte die Möglichkeit, den atomaren Alarmzustand aufzuheben und die Atomsprengköpfe von den Trägerraketen abzumontieren. Diese Maßnahmen verringern die Gefahr eines nicht autorisierten oder unabsichtlichen Abschusses von Atomraketen beträchtlich. Und sie können relativ rasch umgesetzt werden, wenn wir uns dafür entscheiden.
Der dritte Vorschlag bestand darin, die Stationierung der nicht-strategischen Atomwaffen zu beenden, beim vierten ging es um einen allgemeinen Atomwaffenteststopp und der fünfte Vorschlag befürwortete die Aufnahme von Verhandlungen zwischen den USA und Russland mit dem Ziel, die Atomwaffenarsenale beider Länder abzubauen. Mit ihrem letzten Vorschlag versuchte die Canberra-Kommission, eine Einigung über den Verzicht auf einen »atomaren Erstschlag« und einen generellen Verzicht auf den Einsatz von Atomwaffen zu erzielen. Dies ist in meinen Augen der wichtigste Schritt hin zu einer totalen Abschaffung von Kernwaffen. Wenn diese Vereinbarung hält, könnte sich die heutige Atompolitik, die ja auf der Annahme beruht, Atomwaffen dienten der Abschreckung vor Angriffen von Nichtnuklearstaaten, grundlegend ändern und ein Haupthindernis, das der völligen atomaren Abrüstung bisher im Weg stand, könnte somit beseitigt werden.

Wenn ich darauf hinweise, dass dieses Prinzip des Verzichts auf einen Erstschlag in Form einer sogenannten »Nichtangriffsgarantie« bereits in Kraft ist, so ist das bestimmt nicht zu viel gesagt. Bei den NVV-Kontrollgesprächen im Jahre 1995 und der Folgekonferenz bekräftigten die Atommächte ihren Standpunkt hinsichtlich des Verzichts auf einen atomaren Erstschlag gegen alle Unterzeichner des NVV-Abkommens. Diese Versicherung war jedoch mit einer Reihe von Einschränkungen verbunden, die sie relativ wertlos machte. Darüber hinaus war diese Versicherung ja eine Selbstverpflichtung der Atommächte, was bedeutet, dass sie jederzeit widerrufen werden könnte.

Ikeda: Ja. Ich glaube, Ihre Befürchtung ist realistisch. Wie wir aus der *Nuclear Posture Review* (NPR) – einem US-amerikanischen Regierungsdokument zur Nuklearstrategie – ersehen können, gibt es in dieser modernen Gesellschaft einen Trend, den fortgesetzten Einsatz von Atomwaffen zu rechtfertigen und diese wieder als »gebräuchliche Waffen« zu definieren.

Rotblat: Russland hat sich inzwischen ja auch von der Politik des Verzichts auf einen atomaren Erstschlag, wie sie von der Sowjetunion vertreten wurde, verabschiedet. Ich habe eindringlich darauf hingewiesen, dass diese Situation unbedingt den Abschluss eines verbindlichen Vertrags über den Verzicht auf einen Erstschlag erforderlich macht, anstelle der gegenwärtigen freiwilligen Verzichtserklärungen einzelner Länder.

Ikeda: Ja, da stimme ich Ihnen völlig zu. Manche Leute beharren jedoch darauf, atomare Abrüstung sei »unrealistisch«, weil die Menschen, wenn sie erst einmal im Besitz einer Technologie sind, diese nie wieder aufgeben würden. Und selbst wenn die Atomwaffen abgeschafft würden, gäbe es immer noch genügend Leute, die sich diese Technologie gerne aneignen würden. Deshalb sei die Abschaffung aller Atomwaffen einfach nicht realisierbar. Wie antworten Sie auf solche Argumente?

Rotblat: Das Argument für die Abschaffung der Atomwaffen, wie im Bericht der Canberra-Kommission formuliert, ist nicht so leicht zu entkräften. Deshalb haben die Befürworter von Atomwaffen ihre Argumentation geändert. Sie argumentieren nun, eine atomwaffenfreie Welt sei nicht sicher. Selbst wenn ein offizielles Abkommen über die Abschaffung aller Atomwaffen geschlossen und umgesetzt würde, so ihr Argument, gäbe es keine Garantie dafür, dass dieser Vertrag nicht gebrochen würde.
In Anlehnung an ein bekanntes Märchen behaupten sie, sobald der Geist erst einmal aus Aladins Wunderlampe entwichen sei, könne man ihn nie mehr hineinzwingen. Natürlich können wir das Wissen um die Herstellung von Kernwaffen nie mehr aus dem Gedächtnis der Menschheit löschen. Und selbst wenn es uns gelingt, eine atomwaffenfreie Welt zu schaffen, kann niemand garantieren, dass in Zukunft kein Land Atomwaffen in Stellung bringt, um andere Länder einzuschüchtern und die ganze Welt in die Knie zu zwingen.
Das ist jedoch kein Argument gegen das Verbot von Atomwaffen. Folgt man dieser Logik, unterläuft man im Grunde jede Abrüstungsmaßnahme und jeden Abrüstungsvertrag. Unser Gegenargument ist das Beispiel der Chemiewaffenkonvention (CWC), das im April 1997 in Kraft

trat. Das Wissen um die Herstellung von Chemiewaffen kann ebenso wenig aus dem Gedächtnis der Menschheit gelöscht werden wie das nukleare Know-how. Chemiewaffen wären zudem viel leichter herzustellen als Atomwaffen. Dennoch wurde ein Vertrag geschlossen, der den Einsatz von Chemiewaffen generell verbietet.

Ein Präzedenzfall: moderne Technologien ungenutzt lassen

Ikeda: Außerdem bin ich der Ansicht, dass es vorstellbar ist, Wissen, welches nicht mehr gelöscht werden kann, einfach ungenutzt zu lassen. Im 16. Jahrhundert verfügte Japan verglichen mit allen anderen Krieg führenden Nationen über die modernste Feuerwaffentechnologie. Dennoch beschloss das Tokugawa-Regime, das in der folgenden Edo-Zeit regierte, trotz seiner Möglichkeiten, Feuerwaffen und Schießpulver herzustellen, zur Kultur des Schwertkampfes zurückzukehren. Das war der Beginn einer 200 Jahre dauernden Friedensperiode.
Auch wenn damals andere Umstände und gesellschaftliche Bedingungen herrschten, ist dies ein Beispiel für den bewussten Verzicht auf die Nutzung einer fortgeschrittenen Technologie. Atomwaffen sind, wie die Bezeichnung »Massenvernichtungswaffen« ja unzweideutig ausdrückt, Waffensysteme, deren Zerstörungspotenzial sich von dem anderer Waffen so grundlegend unterscheidet, dass man sie nur als Manifestation des Bösen an sich betrachten kann. Nur weil wir sie als so anders wahrnehmen, dürfen wir jedoch nicht dem Irrtum anheimfallen, sie könnten nicht abgeschafft werden. Haben wir uns erst einmal für ihre Abschaffung entschieden, bedarf es lediglich fester

Entschlossenheit und eines starken Willens, um das Ziel zu erreichen.
In einer Welt, in der Atomwaffen illegal wären, würde ihr Besitz als schändlicher Akt betrachtet. Man stelle sich nur einmal vor, irgendein Land der Erde wollte heutzutage die Sklaverei wieder einführen oder zur Apartheid zurückkehren. Das würde einen Aufschrei der Empörung in der gesamten Welt auslösen und schwerwiegende Sanktionen nach sich ziehen. Dennoch gibt es natürlich, wie Sie schon sagten, keine Garantie dafür, dass nach einem generellen Verbot von Atomwaffen niemand mehr versuchen würde, wieder welche zu produzieren. Daher spielt die Art des Kontrollsystems eine entscheidende Rolle.

Die effektive Überwachung von Übertretungen des Atomwaffensperrvertrags

Rotblat: Sie haben absolut recht. Wie beim vertraglich abgesicherten Chemiewaffenverbot müsste man ein strenges und effektives Kontrollsystem einführen, um die Gefahr von Vertragsbrüchen auf ein Minimum zu senken. Derzeit werden bereits verschiedene Studien über die mögliche Beschaffenheit eines solchen Systems durchgeführt. Natürlich kann kein System der Welt für sich beanspruchen, hundertprozentig sicher zu sein. Außerdem gibt es auch in einer atomwaffenfreien Welt keine Garantie für vollkommene Sicherheit. Aber wir können zumindest versuchen, eine Welt zu schaffen, die sicherer ist als eine Welt voller Atomwaffen. Das liegt absolut im Bereich des Möglichen und Machbaren.

Ikeda: Welche Art von Überwachungs- und Kontrollsystem stellen Sie sich vor?

Rotblat: Ein zweistufiges System. Eine Stufe, die technische, müsste eine Fernüberwachung und Verifizierung ermöglichen. Für die zweite Stufe empfehle ich ein »gesellschaftliches Kontrollsystem«. Durch die Anwendung dieser anderen, weniger bekannten Methode ließe sich die Einhaltung eines Atomwaffenverbots noch viel effektiver kontrollieren. Im Rahmen eines solchen gesellschaftlichen Kontrollsystems würden nicht nur die Experten, sondern alle Bürger eines Landes zusammenarbeiten, um die effektive Durchsetzung eines solchen Vertrags sicherzustellen. Juristisch betrachtet würde ein solcher Atomwaffensperrvertrag folgendermaßen funktionieren: Man würde Zivilgesetze erlassen, aufgrund derer jeder Bürger eines unterzeichnenden Landes das Recht und die Pflicht hätte, den internationalen Behörden Vertragsbrüche zu melden.

Ikeda: Ich verstehe. Durch solche Zivilgesetze würde man ein »Bürger-Atomüberwachungssystem« installieren, das viel umfassender und zuverlässiger wäre als eines, das nur in der Hand von Experten liegt.

Rotblat: Ja, das ist richtig. Bei diesem öffentlichen Kontrollsystem übernehmen die Bürger eines Landes die Rolle von Inspektoren, und Wissenschaftler sind hier natürlich besonders gefordert. Wenn Schurkenstaaten und Terroristengruppen Atomwaffen entwickeln wollten, müssten sie speziell ausgestattete Forschungslabors aufbauen – eine Aufgabe, die sie ohne die Hilfe von Wissenschaftlern, die über das entsprechende Spezialwissen verfügen, unmöglich bewältigen können.

Dasselbe gilt für andere Forschungsgebiete und Technologien. Werden irgendwo wissenschaftliche Forschungen durchgeführt, die gefährlich für die Gesellschaft sein können, ist es die Pflicht eines Wissenschaftlers, dies öffentlich zu machen. Die Verantwortung, solche Informationen weiterzugeben – ob anonym oder nicht –, sollte im ethischen Verhaltenskodex eines Wissenschaftlers festgeschrieben werden. Meiner Meinung nach sollte ein Wissenschaftler, der Aktivitäten aufdeckt, die der Allgemeinheit schaden können, juristischen Schutz genießen und die Veröffentlichung von als geheim eingestuften Informationen nicht länger bestraft werden.

Ikeda: Ihrer Ansicht nach ist es also ganz wichtig, ein Umfeld zu schaffen, in welchem sowohl Wissenschaftler als auch alle anderen Mitglieder der Gesellschaft ihrem Gewissen treu bleiben können. Das setzt zunächst einmal voraus, dass jeder Mensch nach festen Überzeugungen und einem ethischen Kodex handelt. Und das kann wiederum nur durch die entsprechende Bildung und Aufklärung der Zivilbevölkerung sowie einen angemessenen Zugang zu und die Weitergabe von Informationen erreicht werden. Außerdem müssen Gesetze erlassen werden, die die Menschen zu solchem Verhalten ermutigen und sie dabei schützen.

Rotblat: Ich glaube, dass wir – vorausgesetzt, der politische Wille und die Fähigkeit zur Umsetzung der bisher diskutierten Vorschläge sind vorhanden – in der Lage sein werden, innerhalb der nächsten 20 oder 30 Jahre Atomwaffen abzuschaffen oder ihren Einsatz völlig zu verbieten. Falls dies Realität wird, verringert sich die Gefahr eines Atomkriegs beträchtlich. Ich sage, dass sie sich »be-

trächtlich verringert«, und nicht, dass sie »ausgeschaltet« wird, weil wir niemals absolut garantieren können, dass nicht irgendwer in Zukunft wieder Atomwaffen hortet und eine Situation heraufbeschwört, die uns erneut in einen Kalten Krieg hineinzwingt.
Man muss auch in Betracht ziehen, dass möglicherweise neue Technologien entwickelt werden, welche in der Lage wären, die Menschheit auszulöschen. Wie sollen wir also das Überleben der menschlichen Spezies sicherstellen? Die Antwort versteht sich von selbst: Alles, was das Überleben der Menschheit grundlegend bedroht, hat mit Krieg zu tun. Wir müssen also aufhören, Krieg zu führen. Mit anderen Worten, die beste Methode, die Katastrophe abzuwenden, besteht darin, den Krieg als solchen abzuschaffen.
Viele Menschen sind der Ansicht, die Vorstellung von einer Welt ohne Krieg entspringe einem illusionären, unrealistischen Weltbild. Sogar Menschen, die die Vision einer Welt ohne Atomwaffen unterstützen, würden wahrscheinlich der Aussage zustimmen, dass die Hoffnung, es könne je eine Welt geben, in der alle Länder auf Waffensysteme und Krieg verzichten, unrealistisch sei.
Doch in Europa, wo Kriege einst ebenso viele Opfer forderten wie Seuchen, gehören heute die meisten Länder, darunter einige, die früher Todfeinde waren, der Europäischen Union an. Wenn dort heute Konflikte entstehen, käme niemand auf die Idee, diese mit militärischen Mitteln lösen zu wollen. In anderen Teilen der Welt sehen wir Militärdiktaturen verschwinden, und die Demokratie ist zur einzig denkbaren Regierungsform geworden. In unserer Zeit setzt sich zunehmend die Erkenntnis durch, dass Kriege sinnlos sind. Die Menschen wünschen sich vor allem, militärische Auseinandersetzungen zu vermeiden.

Gewaltverzicht: das gemeinsame Ziel aller Menschen

Ikeda: Ja, das sehe ich genauso. Der Zusammenschluss der europäischen Nationen zur Europäischen Union beispielsweise kam durch zwei Faktoren zustande: einen unerschütterlichen politischen Willen und die Sehnsucht der europäischen Völker nach einer Welt, in der kein Land je wieder das Unheil des Krieges über ein anderes Land bringen würde.

Blaise Pascal hat einmal gesagt: »Und weil wir das Gerechte nicht stark machen können, haben wir das Starke gerecht gemacht.«[6] In früheren Zeiten beruhte das Zusammenleben der Menschen sicherlich auf dem »Recht des Stärkeren«, das heißt, die Mächtigen hatten das Sagen und herrschten über die Schwachen. In diesem Kontext schien es zweifellos unrealistisch, sich für ein Ende von

Die Soka-Gakkai-Ausstellung Atomwaffen: Eine Bedrohung für unsere Welt? *im Jahre 1996*

Krieg und Gewalt einzusetzen. Mit der Weiterentwicklung der Informationstechnologien ist die Solidarität von Menschen verschiedener Nationen, die Gewaltverzicht fordern, allerdings zu einer weltweiten Realität geworden.
Die Internationale Kampagne für das Verbot von Landminen, die zum Abkommen über ein Verbot solcher Minen führte (auch bekannt als Konvention über das Verbot des Einsatzes, der Lagerung, der Herstellung und der Weitergabe von Antipersonenminen sowie über deren Zerstörung) ist ein ausgezeichnetes Beispiel dafür, dass der Wille jener Menschen, die nach Frieden streben, zu einer Mainstream-Bewegung werden kann.
Meiner Ansicht nach zeichnet sich allmählich eine historische Trendwende in der öffentlichen Meinung zugunsten einer Welt ohne Krieg ab. Und das ist absolut notwendig.
Der berühmte Dichter Tagore drückt diese Gedanken folgendermaßen aus: »Oft dauert es lange, bis aus Fehlern ein Chaos entsteht, während die richtige Antwort prompt auftaucht.«[7]
Wir leben heute in einer Zeit, in der wir furchtlos in die Welt hinausrufen sollten: »Schluss mit den Atomwaffen!« und »Schluss mit dem Krieg!«

8

Wissenschaft und Glaube: die Erweiterung der Vernunft

Ikeda: Sie sagen ja, dass die Menschheit im 20. Jahrhundert vor allem durch neue Entwicklungen in den Naturwissenschaften mit beispiellosen und Schwindel erregenden Veränderungen konfrontiert wurde.

Rotblat: Genau. Man könnte das 20. Jahrhundert durchaus als eine Ära bezeichnen, in der die Wissenschaft förmlich »explodierte«.

Ikeda: Während Sie einerseits die großen Verdienste der Wissenschaft würdigen, beleuchten Sie andererseits auch ihre dunkle Seite. Ein Symbol für diese negative Kehrseite der Naturwissenschaft ist zweifellos die Atombombe, für deren Abschaffung Sie so viele Jahre Ihres Lebens kämpften.
Professor Rotblat, Sie haben immer wieder darauf hingewiesen, dass eine von der Verantwortung des Wissenschaftlers abgekoppelte Wissenschaft undenkbar ist. Auf diesen Punkt würde ich jetzt gerne noch etwas näher eingehen.

Rotblat: Dann möchte ich zunächst einmal ganz allgemein erläutern, was ich unter »Verantwortung« verstehe. Mit »Verantwortung« meine ich das soziale Gewissen aller Menschen und nicht nur das der Wissenschaftler. Als Mitglied der Gesellschaft gehört jeder irgendeiner Gruppierung an. In unserer modernen Gesellschaft kann niemand ein völlig isoliertes Leben führen. Das Leben, wie wir es kennen, wird ja tatsächlich erst durch die Unterstützung anderer möglich.

Wissen, was man anderen schuldig ist

Ikeda: Ich glaube, dieses Prinzip nennt man »Interdependenz« oder wechselseitige Abhängigkeit. Unsere Lebensweise wird durch die Unterstützung und harte Arbeit vieler Menschen ermöglicht, einschließlich unserer Vorfahren, auf deren Erbe wir ja aufbauen. Es ist sehr wichtig, dass wir diese Tatsache mit einer gewissen Demut anerkennen.

Rotblat: Wir leisten unseren Beitrag innerhalb der Gruppen, denen wir angehören, und erleichtern damit auch uns selbst das Leben. Würden wir in völliger Isolation leben, wären wir im Hinblick auf unser Überleben ganz auf uns allein gestellt und auch allein für alles verantwortlich – jeder müsste jagen, Ackerbau betreiben und Energiequellen erschließen, um es im Winter warm zu haben. Das wäre unmöglich.
Jeder Einzelne hat seinen Platz und seine individuellen Talente und Fähigkeiten. Manche Leute stellen Kleidung her, andere bauen Nahrungsmittel an, und wieder andere studieren Theologie. Und so leben wir unser Leben, indem wir miteinander kooperieren, aufeinander Rücksicht nehmen und auf viele unterschiedliche Arten einen Beitrag innerhalb unserer Lebensgemeinschaften oder Gruppen leisten. Das Leben eines jeden Menschen wird durch den Beitrag anderer tatsächlich bereichert.

Ikeda: In östlichen Kulturen drückt sich diese Auffassung in Form von »Dankbarkeit« aus. »Das Wissen darum, was man anderen schuldig ist«, ist eine Grundvoraussetzung für die Mitgliedschaft in der Menschenfamilie. Zu vergessen, was wir uns gegenseitig verdanken und schulden, ist schändlich.

Es ist eine große Arroganz, zu glauben, man sei niemandem zu Dank verpflichtet für die vielen guten Dinge im eigenen Leben. In seinem Buch *Der Aufstand der Massen* assoziierte der spanische Autor José Ortega y Gasset diese Haltung des modernen Menschen mit dem bekannten Ausdruck »señorito satisfecho« (selbstzufriedener junger Mann).[1]

Man muss sich nur einmal umschauen, um zu begreifen, dass wir überall auf der Welt von anderen abhängig sind. Dies hatte der erste Präsident der Soka Gakkai, Tsunesaburo Makiguchi bereits zu Beginn des 20. Jahrhunderts erkannt und in seinem Meisterwerk *The Geography of Human Life* thematisiert. Er schrieb:

Ich stamme aus einem armen Dorf in Arahama, einem Gebiet im Norden Japans und bin ein einfacher Mensch, der sein halbes Leben damit zubrachte, seinen täglichen Pflichten nachzukommen und nicht viel Verbindung zur Außenwelt hatte. Doch wenn ich mir die Dinge um mich herum betrachte, bin ich erstaunt darüber, woher all die Sachen kommen, die mein Leben beeinflussen. Ein Wolltuch, in das ich meinen Körper hülle, wurde ursprünglich in Südamerika oder Australien hergestellt und in England mithilfe von dort geförderter Kohle und Eisen von britischen Arbeiterinnen weiterverarbeitet. Die Ledersohlen meiner Schuhe stammen aus den USA und der Rest der Schuhe besteht aus Leder, das in Indien produziert wurde. Auf meinem Schreibtisch steht eine Kerosinlampe. Sie ist still, obwohl das Öl, mit dem sie gefüllt ist, durchaus sagen könnte: »Ich stamme vom Fuße der kaukasischen Berge, wurde entlang der Küste des Kaspischen Meers transportiert und kam hier an, nachdem ich Tausende von Meilen zurückgelegt hatte.« Die Gläser meiner Brille wurden mit großem handwerklichem Geschick von Menschen in Deutschland gefertigt... Wir können unsere Beziehungen zur Welt in ihrem ganzen Ausmaß besser wahrnehmen, wenn wir die Präsenz dieser Beziehungen selbst in den kleinsten Dingen im Leben eines gewöhnlichen Menschen erkennen.[2]

Rotblat: Ihr Beispiel zeigt sehr deutlich, wie unser tägliches Leben mit dem anderer Menschen in aller Welt verknüpft ist.

Ikeda: Ja. Wenn wir einmal darüber nachdenken, beginnen wir zu verstehen, wie wir mit dem Rest der Welt in Beziehungen, die von gegenseitiger Abhängigkeit und Unterstützung geprägt sind, zusammenleben. Jeder andere Mensch auf dieser Erde ist unverzichtbar für unsere eigene Existenz.

Eine Lampe für andere anzünden

Rotblat: Sie haben völlig recht. Und ich möchte an dieser Stelle darauf hinweisen, dass wir, wenn wir auf die Unterstützung anderer angewiesen sind, wiederum verpflichtet sind, andere zu unterstützen. Mit anderen Worten: »Verantwortung« ist nicht nur für Wissenschaftler ein Thema, sondern alle Bürger sind für ihr Handeln verantwortlich. Das ist eines der Grundprinzipien der Gesellschaft.

Durch die technologischen Fortschritte hat diese wechselseitige Abhängigkeit der Menschen in den vergangenen Jahren rasch zugenommen. Telekommunikationssysteme haben die menschlichen Interaktionen extrem erleichtert. Gleichzeitig ist unsere Verantwortung gegenüber anderen, das heißt unsere soziale Verantwortung, der sich jeder Mensch stellen muss, größer geworden.
Es ist notwendig, dass wir auf andere Rücksicht nehmen, denn am Ende profitieren auch wir davon. Das ist eine der Grundregeln der menschlichen Zivilisation. Wenn wir uns nicht einmal an diese einfache Wahrheit halten können, könnten wir ebenso gut wieder wie die primitiven Höhlenbewohner des Steinzeitalters leben.

Ikeda: Professor Rotblat, Sie fassen einen entscheidenden Grundsatz in deutliche Worte. In den buddhistischen Schriften heißt es: »Gibt man anderen zu essen, erleichtert man das eigene Los, so wie man beispielsweise den eigenen Weg erhellt, wenn man für jemand anderen eine Lampe anzündet.«[3] In unserer modernen Welt scheint diese Haltung allerdings auf dem Rückzug zu sein. Und ich glaube, dass dies eine der Hauptursachen für viele unserer heutigen gesellschaftlichen Probleme ist.

Rotblat: Das sehe ich genauso. Wenn ich sage, dass Wissenschaftler eine besondere Verantwortung haben, geht es mir dabei um den zunehmenden Einfluss und die Auswirkungen der Wissenschaft auf die Gesellschaft. Die Folgen der wissenschaftlichen Entdeckungen und ihrer praktischen Anwendung haben unser Leben innerhalb der vergangenen hundert Jahre völlig verändert. Wissenschaftler tragen eine besondere Verantwortung für die Entwicklung neuer Ideen, neuer Lebensstile und neuer materieller Güter.

Die Erfindung von Massenvernichtungswaffen hat es dringend erforderlich gemacht, dass diese Verantwortung wahrgenommen wird. Schließlich verfügen wir nun über das Know-how, die menschliche Zivilisation als solche auszulöschen.

Ikeda: Wie Albert Einstein so klar erkannte, hat die Freisetzung der Atomkraft alles verändert – außer unserer Denkweise. Deshalb ist es umso wichtiger, dass wir uns mit aller Kraft um eine Veränderung unseres Wertesystems und die Entwicklung unseres spirituellen Bewusstseins bemühen.

Rotblat: Ich bin ganz Ihrer Meinung. Zum ersten Mal in der Geschichte der Menschheit sind wir in der Lage, uns buchstäblich selbst vom Antlitz der Erde zu tilgen. Und das ist hauptsächlich auf die Arbeit von Wissenschaftlern zurückzuführen.
Diese Tatsache dürfen wir nie aus den Augen verlieren. Doch es gibt sogar heute noch viele Wissenschaftler, die der Ansicht sind, dass sie mit der praktischen Anwendung ihrer Erfindungen nichts zu tun haben und ihre Forschungen ausschließlich aus wissenschaftlichem Interesse durchführen. So ein Wissenschaftler sagt vielleicht: »Wir haben das Know-how, Bomben herzustellen, die alle Städte der Erde dem Erdboden gleichmachen können, aber wie diese Bomben eingesetzt werden, ist nicht meine Angelegenheit. Das haben andere zu entscheiden.« Das ist meiner Ansicht nach eine unmoralische Haltung. Doch so denken heute immer noch viele Wissenschaftler.

Zwischen Wissen und Weisheit unterscheiden

Ikeda: Das ist ein enormes Problem. Der entscheidende Punkt ist, dass wir anfangen müssen, darüber nachzudenken, wie man das Wissen, über das die Menschheit inzwischen verfügt, einsetzen kann, um das Glück der Menschen zu mehren. Es versteht sich von selbst, dass wir unermüdlich an uns arbeiten müssen, um dieses Ziel zu erreichen. Wissen und Weisheit mögen auf den ersten Blick viel miteinander gemein haben, aber sie entspringen völlig verschiedenen Ebenen. Mit anderen Worten, nur weil wir unser Wissen vermehrt haben, sind wir noch lange nicht weiser geworden.

Unser zweiter Präsident, mein Lehrer und Mentor Josei Toda, sagte einmal, eines der größten Missverständnisse der modernen Zivilisation sei die Verwechslung von Wissen und Weisheit.

In den buddhistischen Schriften finden wir den Begriff »begabtes Tier«.[4] Wie viel Wissen oder Talent ein Mensch auch besitzt, ohne moralische oder ethische Prinzipien, die seine Triebe zügeln, wird er scheitern.

Rotblat: Ich stimme völlig mit Herrn Todas Unterscheidung zwischen Wissen und Weisheit überein. Beides ist außerordentlich wichtig, aber gewiss nicht dasselbe. Ich weiß nicht genug über das Verhalten der Tiere und kann deshalb in diesem Zusammenhang auch nicht viel über deren soziale Verhaltensweisen sagen. Doch ich glaube, dass wir diese Unterscheidung auf jeden Fall auf die menschliche Gesellschaft anwenden können. Es hat sich schon oft gezeigt, dass die Kenntnis eines abstrakten Wissens nicht unbedingt mit der Weisheit oder Intelligenz einhergeht, es auf die richtige Weise einzusetzen.

Nehmen wir an, wir erfinden ein neues Werkzeug. Diese Fähigkeit würden wir als »Wissen« bezeichnen. Aber um zu verstehen, wie man es einsetzen muss, bedarf es der Intelligenz. Die Frage, wie man Wissen einsetzen sollte, setzt Weisheit voraus. Wissen ist außerordentlich wichtig, denn ohne es ist keinerlei Fortschritt möglich. Doch Wissen allein genügt nicht. Wir müssen auch verstehen, mit diesem Wissen umzugehen.

Die Wissenschaftler der Welt können definitiv etwas zur Anwendung wissenschaftlicher Erkenntnisse sagen, weil sie das Leben der Menschen so nachhaltig verändert haben und eine Hauptrolle bei der Entstehung der heutigen Gesellschaft gespielt haben.

Ikeda: Ich kann gar nicht sagen, wie dankbar ich bin, dass Sie all das bestätigen, was uns unser Mentor ans Herz gelegt hat. Die Menschheit hat im Laufe ihrer langen Geschichte eine enorme Menge Wissen angesammelt. Können wir jedoch auch von uns behaupten, dass wir im Laufe der Zeit im gleichen Maße weiser geworden sind? Weisheit kann nicht an kommende Generationen weitergegeben werden wie faktisches Wissen, weil sie sich nur durch lebendige Erfahrung und durch die Schulung des Charakters entwickeln kann. Das ist die Grundlage, auf der die Menschen Werte schaffen und versuchen können, eine Welt aufzubauen, in der alle Menschen glücklich und in Frieden miteinander leben können.

Professor Rotblat, was ist Ihrer Meinung nach die wichtigste Voraussetzung für die Entwicklung von Weisheit? Wie können wir Menschen weiser werden? Und welche Art von Intelligenz brauchen wir, um erfolgreich die Herausforderungen dieser neuen Zeit bestehen zu können?

Rotblat: Ich habe in meinem Leben viele Beispiele für die fehlgeleitete Anwendung von Wissen gesehen. Besonders im 20. Jahrhundert hat die Menschheit schreckliche und erschreckende Dinge erfunden. Betrachten wir das deutsche Beispiel etwas genauer: Zu Beginn des 20. Jahrhunderts war Deutschland bereits ein hochentwickeltes, zivilisiertes Land. Die Deutschen waren gebildet und verfügten über eine Fülle an technischem Wissen. Doch trotz ihres hohen Bildungsstands und beträchtlichen Wissens ließen sie zu, dass die Nazis praktisch das ganze Land überrollten. Sie stimmten für Hitler, dem es ungeachtet seiner anti-wissenschaftlichen Ideen gelang, die Macht an sich zu reißen und seinen Plan – den Massenmord an den Juden – zu realisieren, indem er sie aufgrund ihrer »rassischen Zugehörigkeit« diskriminierte. All das wurde auf wissenschaftliche, systematische und höchst effiziente Weise durchgeführt. Millionen von Juden wurden in den deutschen Gaskammern ermordet. Nie zuvor in der deutschen Geschichte waren solche entsetzlichen Grausamkeiten in einem derartigen Ausmaß verübt worden.

Ikeda: Das ist eine extrem schwierige Lektion des 20. Jahrhunderts.

Rotblat: Können wir angesichts dieser furchtbaren Tatsachen wirklich behaupten, dass wir im Laufe der Zeit zivilisierter geworden sind? Sind wir in unserem Verhalten nicht eher wie Tiere geworden? Eine solche Behauptung wäre vielleicht sogar eine Beleidigung für das Tierreich. Vielleicht wäre es richtiger zu sagen, dass dieses Geschehen einen völligen Mangel an moralischem Bewusstsein offenbart. Das haben wir während des 20. Jahrhunderts miterlebt.

Ich bin sicher, dass man oft zu Ihnen sagt, die Tragödie von Hiroshima und Nagasaki dürfe niemals in Vergessenheit geraten. Dem möchte ich hinzufügen, dass wir niemals all die Juden vergessen dürfen, die in den Gaskammern in Polen ihr Leben ließen oder die Tschetschenen, die unter russischen Repressalien litten: Millionen unschuldiger Opfer, die zufällig einer bestimmten Rasse angehörten, wurden während des Zweiten Weltkrieges zwangsinterniert und massenhaft ermordet.

Ikeda: Es ist eine unfassbare Tragödie. So etwas darf sich niemals wiederholen.

Die Qualität der Bildung anheben

Rotblat: Das empfinde ich genauso. Ich möchte Ihnen etwas erzählen, was sich zur Zeit des Zweiten Weltkrieges zutrug. Ein Wissenschaftler führte »wissenschaftliche« Experimente durch, um herauszufinden, wie lange ein Mensch unter Wasser bleiben kann, ohne einen Atemzug zu tun. Er benutzte Menschen als Versuchskaninchen. So etwas darf nie wieder zugelassen werden. All das zeigt uns, dass Bildung und Erziehung von allerhöchster Bedeutung sind. Egal, um welche Frage es geht, die Antwort scheint immer auf die Notwendigkeit von Bildung hinzuweisen.
Ein Mensch, der fähig ist, ein solches Experiment durchzuführen, kann keine Bildung im wahren Sinne des Wortes erhalten haben. Das muss ein Mensch sein, der sich leicht von anderen beeinflussen lässt und ohne zu hinterfragen unsinnige Ideologien wie den Nazismus akzeptiert.
Um solche Tragödien in Zukunft zu vermeiden, muss eine höhere Form von Bildung angeboten werden.

Ikeda: Das ist die einzige Möglichkeit. Der holländische Humanist Erasmus von Rotterdam hat gesagt: »Bildung übt einen so starken Einfluss aus, dass sich, wie Platon sagt, ein Mensch, der im richtigen Geiste erzogen wurde, zu einer Art göttlichem Geschöpf entwickelt, während andererseits eine Person, die eine pervertierte Erziehung erhielt, zu einem Monstrum, einer wilden Bestie wird.«[5]
In unserer modernen Gesellschaft erfordert der Umgang mit unserem hochentwickelten technischen Wissen die Entwicklung von Weisheit, Ethik und Charakterstärke, damit man in der Lage ist, das Selbst zu disziplinieren. Um dies zu erreichen, ist eine humanistische Bildung meiner Meinung nach ungeheuer wichtig, und deshalb habe ich mich mit meiner ganzen Kraft für den Aufbau eines hervorragenden humanistischen Bildungssystems eingesetzt. Nichts ist schädlicher als eine Bildung, der es an der Absicht mangelt, den Charakter zu schulen.

Rotblat: Meiner Ansicht nach wird der Graben zwischen den Wohlhabenden und denen, die nichts haben, immer breiter. Dennoch glaube ich, dass junge Menschen heute nach und nach eine qualitativ höhere Bildung erhalten. Selbst wenn es nur in kleinen Schritten vorwärtsgeht, steigt das allgemeine Bildungsniveau. Deshalb glaube ich, dass wir immer noch Grund zur Hoffnung haben.

Ikeda: Es steht außer Frage, dass Bildung den Charakter eines Menschen formen soll. Wenn ich mir die verschiedenen Phänomene innerhalb unserer modernen Gesellschaft betrachte, in denen sich ein pathologischer, ein durch einen Mangel an Menschlichkeit gekennzeichneter Zustand manifestiert, muss ich mich aber auch zwangsläufig fragen, welche Rolle die Religion spielt.

Ich glaube, Religion kann eine entscheidende Rolle spielen, wenn es darum geht, in den Herzen der Menschen wieder Gefühle der Menschlichkeit zu wecken. Es ist allerdings eine historische Tatsache, dass sich Religionen von ihrem ursprünglichen Geist entfernten und für politische Ziele missbraucht wurden. Sie haben auch als trennende Kräfte gewirkt und Zwietracht unter den Menschen gesät. In vielen tragischen Geschehnissen spiegelte sich eine Umkehrung der Rolle der Religion wider, das heißt, Religion erwies sich nicht als Segen für die Menschen, sondern vielmehr als eine Instanz, die die Menschen für ihre eigenen Ziele missbrauchte.

Religion: Hilfe oder Missbrauch?

Rotblat: Das ist ein sehr schwieriges Thema für mich. Religion kann für viele Menschen eine große Hilfe in ihrem täglichen Leben sein, während sie gleichzeitig oft missbraucht wird, weil manche Leute versuchen, anderen ihre eigene Meinung aufzuzwingen. Seit dem Mittelalter wurde die Religion von der herrschenden Klasse immer wieder geschickt eingesetzt, um jene Menschen zu stigmatisieren, deren Meinungen befremdlich waren und dem allgemein akzeptierten religiösen Dogma zuwiderliefen. Dieselbe Einstellung findet man in den Lehren und der Rhetorik bestimmter extremer Schulen des fundamentalistischen Islam. Es gab natürlich auch Religionskriege, von denen viele internationale Dimensionen annahmen und lange Zeit wüteten. Ein Beispiel ist der Konflikt zwischen den Katholiken und Protestanten in Nordirland. Leider scheint es im Allgemeinen doch so zu sein, dass Religion bei einem gewissen Bildungsniveau der Menschen mehr Schaden anrichtet, als Segen bringt. Aber der Buddhismus scheint doch von allen Religionen die unschädlichste zu sein.

Ikeda: Für das, was Sie sagen, gibt es natürlich viele Beispiele in der Geschichte der Religion in Europa. Und auch in Japan hat sich gezeigt, wie negativ es sich auf die Gesellschaft auswirkt, wenn Mitglieder der Geistlichkeit korrupt sind. Ohne eine geistige Klarheit, die mit der Schulung des Intellekts einhergeht, besteht die Gefahr, dass Religion und Glaube in die Irrationalität abdriften und zu »blindem Glauben« werden.
Ich glaube, dass Bildung und Religion zwei Seiten derselben Medaille sind, die eine tiefe Spiritualität fördert, das menschliche Potenzial entwickeln hilft und Menschlichkeit weckt.

Rotblat: Ich bin Wissenschaftler und als solcher gewohnt, für alle Phänomene nach einer rationalen Erklärung zu suchen. Im Laufe meines Lebens habe ich die Entwicklung wissenschaftlicher Theorien, beispielsweise über den Ursprung des Lebens, verfolgt und sie aus einer rein rationalen Perspektive mithilfe natürlicher und physikalischer Gesetze untersucht. Und ich bin bei meinen Untersuchungen niemals auf etwas gestoßen, das ich nicht mit meinen eigenen Sinnesorganen wahrnehmen kann, das irgendeinem physikalischen Gesetz widerspricht oder auf die Existenz von irgendetwas Übernatürlichem hinweist. Doch ich hänge nicht so sehr an meinen eigenen Vorstellungen, dass ich der Meinung bin, ich hätte immer recht. Ich streite nicht ab, dass manche Phänomene, die ich nicht verstehe, vielleicht als das Wirken einer göttlichen Macht erklärt werden könnten. Als Wissenschaftler kann

ich dennoch nur sagen, dass ich die Möglichkeit der Existenz Gottes ausschließen muss, weil ich nicht genügend Beweise dafür finde.
Ich muss jedoch zugeben, dass es wirklich viele Dinge gibt, die ich nicht weiß oder erklären kann. Ich bin kein besonders religiöser Mensch, und dies ist der Grund für meinen Agnostizismus. Agnostiker zu sein bedeutet einfach, dass ich nicht weiß, ob es einen Gott gibt und ich immer weiter nach der Antwort suchen werde. Das ist meine Antwort auf Fragen nach der Religion.

Ethik oder Untergang

Ikeda: Es ist eine sehr aufrichtige Antwort. Ich glaube nicht, dass wahrer Glaube im Widerspruch zur Vernunft steht. Tatsächlich sucht die Vernunft nach wahrem Glauben und wahrer Glaube erleuchtet die höchste Vernunft. Albert Einstein hat einmal gesagt: »Wissenschaft ohne Religion ist lahm, Religion ohne Wissenschaft ist blind.« Im Grunde sind beide – die Religion und die Wissenschaft – Wege, um die universalen Gesetzmäßigkeiten zu erforschen, denen die gesamte Schöpfung, einschließlich unserer menschlichen Existenz, unterworfen ist. Wenn also Wissenschaftler und Religionsvertreter zusammenarbeiten könnten, um zur Entwicklung einer Ethik der Weltbürgerschaft beizutragen, würden sie der Menschheit einen unschätzbaren Dienst erweisen. Und ein Moralkodex für Wissenschaftler ist natürlich noch unverzichtbarer.

Rotblat: Ich erkenne die Rolle der Religion durchaus an, aber ich betrachte sie als die Entwicklung eines ethischen Standards, der von Menschen in aller Welt geschaffen

wurde. Damit meine ich eine »natürliche Entwicklung«. Mit anderen Worten, alles befindet sich in ständigem Wandel. Auch die Menschheit hat sich im Laufe der vergangenen Jahrmillionen verändert.
Veränderungen manifestieren sich mit der Zeit sogar in Bereichen, wo die Wahrscheinlichkeit einer Veränderung extrem niedrig ist. Allgemein betrachtet kann man schon sagen, dass die Evolution in eine positive Richtung fortschreiten wird. Menschen, Tiere oder alle anderen Organismen können sich in die eine oder andere Richtung entwickeln. So ist das Leben.
Die Evolution kann zwei Richtungen einschlagen. Eine Spezies könnte entweder stärker werden, wenn der Evolutionsprozess es ihr schwer macht, oder sie könnte – unter gleichen Bedingungen – schwächer werden. Wird sie schwächer, sind ihr Niedergang und ihr Aussterben nur noch eine Frage der Zeit. Dementsprechend sind nur die Spezies, die den Evolutionsprozess überleben, stärker geworden. Und deshalb ist der Evolutionsprozess positiv.

Ikeda: Durch die Evolution sind alle Lebewesen einer natürlichen Selektion unterworfen.

Rotblat: Ja. Und deshalb behaupte ich, dass der Evolutionsprozess selbst die Grundlage der Ethik bildet. Das bedeutet: je stärker eine Spezies, desto besser das Endprodukt. Über einen langen Zeitraum betrachtet, sollten wir in der Lage sein, uns durch den Evolutionsprozess zu höheren ethischen Prinzipien hin zu entwickeln. Wenn wir überleben wollen, müssen wir danach streben, gut zu sein. Tun wir es nicht, sterben wir mit Sicherheit aus. Das ist meine persönliche Philosophie und die Grundlage meiner Moralvorstellung.

Ikeda: Ich verstehe. Heutzutage ist das Schreckgespenst des Untergangs der Menschheit nicht länger eine Möglichkeit, die in ferner Zukunft liegt, und deshalb müssen wir unsere Stimme erheben und lauter denn je eine verbindliche globale Ethik fordern, die eine harmonische Koexistenz garantiert.
Professor Rotblat, zu Ihrer Philosophie gehören ein tiefes Vertrauen in das Gute im Menschen und ein unerschütterlicher Glaube an den menschlichen Intellekt.

Rotblat: Ich glaube an die Wissenschaft und die technologischen Errungenschaften. Wie ich Ihnen bereits erzählte, haben mich die Möglichkeiten der Naturwissenschaft schon als Kind zutiefst beeindruckt. Das Potenzial der Wissenschaft ist grenzenlos und universal. Deshalb konnte sie so viele Probleme der Menschheit lösen.
Die Menschen sind nicht versessen darauf, in den Krieg zu ziehen. Wir haben nicht von Natur aus eine Soldatenmentalität. Manche Leute behaupten, dies sei Teil unserer genetischen Programmierung, aber daran glaube ich überhaupt nicht. Deshalb bin ich davon überzeugt, dass die Wissenschaft schließlich Möglichkeiten finden wird, alle Menschen zu versorgen. Wie stark sich die Weltbevölkerung auch vermehrt, ich glaube fest daran, dass es mithilfe der Wissenschaft gelingen wird, genügend Nahrung und Ressourcen bereitzustellen, sodass die Völker dieser Erde in Frieden zusammenleben können. Das ist meine Grundeinstellung zur Wissenschaft und zum Leben.

Technologie: Mittel der Polarisierung oder der Transzendenz?

Ikeda: Ich sehe, wie viel Hoffnung Sie in die Zukunft der Wissenschaft setzen und wie wichtig Ihnen das Gewissen des Wissenschaftlers ist.
Menschen besitzen einerseits die Herzensgüte, andere zu lieben und selbstlos zu umsorgen, doch sie haben auch eine andere, zerstörerische und egoistische Seite. Der Buddhismus vermittelt einen tiefen Einblick in die menschliche Natur. Er bietet eine profunde spirituelle Sichtweise sowie eine Praxis für das tägliche Leben an, die uns helfen kann, menschliche Tugenden zu entwickeln.
In der Soka Gakkai International lehren wir einen Prozess, den wir die »menschliche Revolution« genannt haben und der auf den buddhistischen Prinzipien beruht, deren Ziel sowohl die individuelle Transformation als auch der gesellschaftliche Wandel ist. Es gibt jedenfalls keinen höheren Wert als die Würde des Lebens. Der Ausgangspunkt für den Fortschritt der Menschheit muss also immer dieses Wissen um die »Würde des Lebens« sein.

Rotblat: Ja, da stimme ich Ihnen zu. Ich denke, dass in den kommenden Jahrzehnten innerhalb der Weltgemeinschaft einige größere grenzüberschreitende Veränderungen stattfinden werden. Im Bereich von Wissenschaft und Technik wird besonders die Anwendung der Biotechnologie und der neuen Telekommunikationstechnologien die Gesellschaft tiefgreifend verändern.
Diese Veränderungen können sich in zwei Richtungen bewegen. Einerseits kann es eine zunehmende Polarisierung geben, auch »digitale Spaltung« oder »digitale Kluft« genannt, bei der die oberen Schichten der Gesellschaft zu-

nehmend in den Genuss der mit den neuen Technologien verbundenen Vorteile kommen und die unteren Schichten immer weiter hinter sich lassen.
Es ist aber auch ein anderes Szenario vorstellbar, nämlich, dass alle Menschen erkennen, dass sie zur einen großen Menschenfamilie gehören, dass es ihnen gelingt, Nationalismus, Stammesdenken und ideologische Differenzen zu überwinden und dass sie mehr und mehr ein Zugehörigkeitsgefühl zur Menschheit als Ganzes entwickeln.
Um diesen Bewusstseinsprozess zu unterstützen, müssen progressive, friedliebende Gruppen innerhalb der Gesellschaft aktiv werden. Außerdem muss eine öffentliche und ernsthafte Diskussion über die Anwendung wissenschaftlicher Technologien stattfinden. Die Beteiligung an dieser Diskussion ist an sich schon ein Lernprozess und wird dazu beitragen, das kollektive soziale Bewusstsein stärker auszuprägen.

Ikeda: Im Hinblick auf die Notwendigkeit einer breiten öffentlichen Diskussion stimme ich völlig mit Ihnen überein, und es ist sehr wichtig, dass wir unsere Bemühungen in diese Richtung verstärken.
Auch ich bin zutiefst besorgt über die Spaltungen und Konflikte in unserer heutigen Gesellschaft. Mir ist vollkommen bewusst, dass es heute dringender denn je ist, durch den Meinungsaustausch über diese entscheidenden Fragen zu einem gegenseitigen Verständnis zu kommen. Auch wenn die Meinungen auseinandergehen, können die Menschen gewiss eine gemeinsame Basis in Bezug auf so entscheidende Fragen wie den Weltfrieden und die Koexistenz der Völker finden.

9

Loyalität zur Menschheit: Wettbewerb mit einem menschlichen Gesicht

Ikeda: Professor Rotblat, ich erinnere mich, dass Sie im Oktober 2001 die weite Reise von London nach Kalifornien auf sich nahmen, um der neu eröffneten Soka University of America (SUA) in Orange County einen Besuch abzustatten.
Das war kurz nach den Terroranschlägen des 11. September, auf dem Höhepunkt der allgemeinen Panikstimmung, als viele Leute ihre Flüge nach Amerika stornierten. Die Stimmung im Land hielt Sie nicht davon ab, nach Kalifornien zu kommen, und Sie hinterließen einen bleibenden Eindruck in der SUA. Als Gründer der Soka University of America schätze ich Ihre Aufrichtigkeit und möchte Ihnen noch einmal ganz herzlich danken.

Rotblat: Ja. Ich erinnere mich sehr gut an diese Zeit. Ich wäre nie auf die Idee gekommen, meine Reise zu stornieren. Im Gegenteil, es war mir unter diesen Umständen noch viel wichtiger, die SUA zu besuchen. Als ich auf dem Flughafen von Los Angeles ankam, hatte ich Halsschmerzen und konnte kaum sprechen. Also fragten mich die Leute von der Soka University, ob ich meine für den nächsten Tag geplante Rede absagen wolle, und ich erwiderte: »Ich bin sicher, dass es mir morgen besser gehen wird.« Und so hielt ich meine Rede wie geplant. Wenn ich

erst einmal meine Zusage für eine Veranstaltung gegeben habe, sage ich nicht so schnell ab.
Ich bin kein praktizierender Buddhist, aber wir beide arbeiten auf dieselben Ziele hin, Dr. Ikeda, und ich glaube, dass uns eine starke Freundschaft verbindet. Bei unseren Gesprächen habe ich stets das Gefühl, dass wir auf der gleichen Wellenlänge sind. Deshalb war ich damals sehr erfreut über die Gelegenheit, mit den Leuten von der SUA zusammenzukommen, deren wichtiges Anliegen ich absolut unterstütze.

Ikeda: Die Studenten waren damals sehr beeindruckt von Ihrer energiegeladenen Rede, die Sie trotz Ihrer gesundheitlichen Probleme hielten. Als Sie über das Thema »Das Streben nach globalem Frieden« sprachen, sagte ein Student: »Wir streben keinen passiven Frieden an, keine bloße Abwesenheit von Krieg. Wir möchten eine Ära des echten Friedens einleiten, in der alle Menschen glücklich sind. Jeder von uns ist motiviert, einen Beitrag zum Wohl des Ganzen zu leisten. Wir wollen uns zu Menschen entwickeln, die in ihren gewählten Berufen wie ein Licht leuchten.«
Die Studenten, die in diesem Jahr [2005] ihren Abschluss gemacht haben, haben nun mit großer Motivation und hohen Zielen einen neuen Lebensabschnitt begonnen.

Rotblat: Das ist bewundernswert. Ich finde das alles sehr aufregend und freue mich für sie. Die Reaktionen der Studenten auf meine Rede haben mich damals tief beeindruckt. Nach meinem Vortrag kamen einige auf mich zu, um sich mit mir zu unterhalten. Diese Gespräche haben mich sehr ermutigt, ich fühlte mich fast selbst wieder jung und freute mich auf ihre Graduierung.

Bitte richten Sie den Studenten der SUA von mir aus, dass sie sich daran erinnern sollen, was ich in meinem Vortrag sagte: nämlich, dass ich hoffe, dass sie ihre wunderbare Jugendzeit nutzen, um einen Beitrag zum Wohl der Gesellschaft zu leisten.
Es sind doch diese jungen Menschen, die die Fackel weitertragen. Ich wollte sie darin bestärken, ihre Verantwortung für die Zukunft der Welt ernst zu nehmen. Ich wollte ihnen klarmachen, dass sie Verantwortung für ihr Handeln übernehmen müssen und wie wichtig es ist, immer mit voller Überzeugung sagen zu können, dass die eigene Arbeit dem Wohl der Menschheit dient.

Ikeda: Ich danke Ihnen für diese Botschaft. Wir müssen die Zukunft in die Hände der heutigen Jugend legen. Wir haben gar keine andere Wahl. Ich bin völlig Ihrer Meinung und tue ebenfalls mein Bestes, junge Menschen zu fördern und zu ermutigen. Die Menschen sind unsere wertvollste Ressource.
Es ist eines der Gründungsziele der Soka University of America, Weltbürger heranzubilden. Professor Rotblat, in Ihrem Vortrag an der SUA wiesen Sie darauf hin, wie wichtig es ist, ein Gefühl der Loyalität gegenüber der ganzen Menschheit zu entwickeln.

Rotblat: Ja. Wenn ich von »Weltbürgern« spreche, denke ich dabei nicht an einen offiziellen Status, mit dem die Staatsbürgerschaft in einem zentral regierten Weltstaat geregelt ist, dessen Bürger internationale Pässe oder andere Nachweise einer solchen Identität besitzen. Vielleicht kommt irgendwann einmal die Zeit für solche Dinge, aber zuerst wird sich eine Art globale Regierungsform herausbilden und die Menschen werden sich zu etwas Größerem zugehörig fühlen, etwas, das über ihre eigene Nation hinausreicht.

Um uns auf diese nächste Stufe vorzubereiten, müssen wir bestimmte Aufgaben in Angriff nehmen, und dazu gehört auch, dass jeder von uns zunehmend das Bewusstsein entwickelt, zu einer globalen Gemeinschaft zu gehören.

In gewissem Sinne hat diese »Loyalität gegenüber der ganzen Menschheit« einen utilitaristischen Aspekt. Mit anderen Worten, sie ist mit unserem eigentlichen Ziel verknüpft: sicherzustellen, dass die menschliche Spezies auf diesem Planeten überleben kann. Aus dieser Perspektive können wir klar erkennen, dass das nur eine Erweiterung anderer Formen von Loyalität darstellt.

Professor Rotblat spricht im Jahre 2001 zu den Studenten der Soka University of America

Von nationalen Interessen zum Wohl der gesamten Menschheit

Ikeda: Ich habe bei jeder sich bietenden Gelegenheit darauf hingewiesen, dass wir die Vorstellung aufgeben müssen, nationale Interessen hätten Vorrang vor dem Wohl der Menschheit als Ganzes. Der Schlüssel zu diesem Bewusstseinsprozess ist ein Bildungsangebot, das ein globales Bewusstsein sowie die gegenseitige Akzeptanz und das Verstehen der unterschiedlichen Wertesysteme und Kulturen untereinander fördert. Es ist überlebenswichtig, dass wir, aufgeschlossen und unvoreingenommen, auf eine Weise mit anderen zusammenarbeiten, die uns hilft, eine globale Sichtweise sowie die Bereitschaft zu entwickeln, Menschen zu verstehen, die anders sind als wir. Bildungskonzepte, die eine solche globale Perspektive vermitteln und diese Art der Weltbürgerschaft unterstützen, werden in diesem Jahrhundert immer mehr an Bedeutung gewinnen. Genau das war mein Motiv für die Gründung der Soka University of America.

Rotblat: Bildung ist außerordentlich wichtig. Man könnte unsere verschiedenen Formen der Loyalität als eine Reihe von konzentrischen Kreisen betrachten, deren Zentrum das Selbst ist. Der kleinste Kreis, dem sich ein Mensch zur Loyalität verpflichtet fühlt, ist die Familie, der nächstgrößere die Nachbarschaft. Heute ist im Bewusstsein der Menschen die eigene Nation der äußerste und größte Kreis. Ich empfehle dringend, dass wir noch einen größeren Kreis hinzufügen, und zwar denjenigen, der unsere Loyalität zu und ein Zusammengehörigkeitsgefühl mit der ganzen Menschheit repräsentiert.

Ikeda: Das ist eine differenzierte Sichtweise, die mit den buddhistischen Lehren in Einklang ist. Im Buddhismus wird das mit dem Ego assoziierte kleine Selbst »shôga« genannt. Das größere, reifere und höher entwickelte Selbst, welches das Leiden der ganzen Schöpfung als sein eigenes begreift, nennen wir »taiga«. Es fühlt sich eins mit der zeitlosen und räumlich unbegrenzten universalen Lebenskraft.

Die »menschliche Revolution« steht für das, was wir als dynamischen Übergang der eigenen Realität vom kleineren zum größeren Selbst bezeichnen, und diese Dynamik ist letztendlich die Kraft, die den Anstoß für Veränderungen innerhalb der Gesellschaft gibt. Die Menschheit ist bis in den Weltraum vorgedrungen. Vom kosmischen Standpunkt aus betrachtet ist die globale Einheit die Tendenz unserer Zeit. Wir sollten uns nicht von den Beschränkungen einengen lassen, die das Selbst umgeben.

Mitgefühl in einer vernetzten Welt

Rotblat: In unserer heutigen Gesellschaft schreitet die Vernetzung der Welt durch die Weiterentwicklung der Telekommunikationstechnologien und des Transportwesens rasch voran. Die Fortschritte in Wissenschaft und Technik verbinden Menschen miteinander. Früher waren die Bewohner unterschiedlicher Regionen überhaupt nicht in der Lage, miteinander zu kommunizieren. Als ich zur Welt kam, waren das Telefon und der Fernschreiber gerade eingeführt worden. Davor musste jeder, der eine Botschaft übermitteln wollte, diese auf eine lange Schiffsreise schicken.

Menschen, die auf verschiedenen Inseln lebten, waren

voneinander abgeschnitten und hatten keinerlei Kommunikationsmittel. So entwickelten sich viele unabhängige Staaten als eigene Welt. Sie waren von den anderen getrennt. All das änderte sich durch die wunderbaren Fortschritte im Bereich der Telekommunikation und im Informationsaustausch. Heute kann sich jeder fast unmittelbar Informationen über alles beschaffen, was in der Welt vor sich geht. Bricht beispielsweise in Japan ein Erdbeben aus, kann man sofort etwas darüber erfahren.

Ikeda: Im Oktober 2004 wurde die Region Chuetsu in der Niigata-Präfektur von einem schweren Erdbeben heimgesucht. Sie sandten uns sofort ein Schreiben, in dem Sie Ihre Anteilnahme bekundeten und für das ich Ihnen im Namen der SGI noch einmal danken möchte.
Die Nachricht von dieser Katastrophe ging rasch um die Welt und die Menschen konnten ihr Mitgefühl mit den Opfern ausdrücken. Ich betete darum, dass die Seelen der Verstorbenen in Frieden ruhen mögen und dass sich die Region bald von dieser Katastrophe erholt.
Die rasante Entwicklung im Bereich der Kommunikationstechnologie ist einer der Faktoren, die dazu beitrugen, dass die Welt kleiner geworden zu sein scheint und die Menschen anscheinend enger zusammenrücken. Die Frage ist nur, wie man diesen Faktor zum Wohl der Menschheit und für den Frieden nutzen kann.

Ein furchtloser Optimismus

Rotblat: Unglücklicherweise haben die Errungenschaften derselben Wissenschaft und Technik Werkzeuge hervorgebracht, die es den Menschen leichter machen, einander

zu töten. Es liegt heute in unserer Macht, uns gegenseitig völlig auszulöschen. Das ist die andere Seite der Weiterentwicklung von Wissenschaft und Technologie.
Die Frage ist nun, welche Seite dieses Wettrennen gewinnen wird. Werden wir uns mit jenen Kräften verbinden, die das Gute wollen, oder werden wir uns gegenseitig umbringen? Wir müssen lernen, miteinander zu leben, andernfalls werden wir uns am Ende mit Sicherheit gegenseitig vernichten.

Ikeda: Ich gewinne zunehmend den Eindruck, dass die Menschen weltweit allmählich mehr Mitgefühl für ihre Mitmenschen in weit entfernten Regionen entwickeln, die unter Armut und Hungersnöten leiden. Das Gefühl, dass das Leiden der anderen unser eigenes Leiden ist, scheint heute weiter verbreitet zu sein als früher. Wenn dieser Trend zunimmt, werden sich die Zeiten mit Sicherheit ändern. Ja, sie müssen sich ändern.

Rotblat: Wir sind tatsächlich enger zusammengerückt. Wenn ich die Welt als »globales Dorf« bezeichne, ist das natürlich ein symbolischer Vergleich mit einer ländlichen Dorfgemeinschaft. Er weist auf die ganz realen zwischenmenschlichen Beziehungen in einem Dorf hin, und darauf, wie wichtig es ist, dass jeder jeden kennt. Mithilfe der wissenschaftlichen und technologischen Fortschritte können wir Weltbürger werden, so als ob wir Einwohner eines einzigen Dorfes wären. Wenn sich eine Katastrophe ereignet, können wir rasch genau in Erfahrung bringen, was passiert ist, und einander effektiver beistehen. Das ist eine der positiven Folgen des wissenschaftlichen und technologischen Fortschritts.

Ikeda: In seinem Anfang des 20. Jahrhunderts erschienenen Werk *A Geography of Human Life* drückte Tsunesaburo Makiguchi, der erste Präsident der Soka Gakkai, seine Überzeugung aus, dass sich die Menschheit vom militärischen, politischen und ökonomischen Konkurrenzdenken lösen und zu einer humanen Art des Wettbewerbs hinbewegen muss. Er sagte voraus, dass der Wandel zu einem menschlicheren Umgang miteinander letztendlich zu einem allgemeinen Trend würde.
Professor Rotblat, wie schätzen Sie die Zukunft der Menschheit ein? Sind Sie da eher optimistisch oder pessimistisch?

Rotblat: Ich muss einfach optimistisch sein. Was ist denn die Alternative? Wenn wir uns alle dem Pessimismus hingeben, werden wir uns nur gegenseitig zerstören. Optimismus ist die einzig vernünftige Option. Doch man muss sich um diese Haltung bemühen. Ich kann nicht einfach grundlos optimistisch sein. Wenn ich sage, dass ich Optimist bin, meine ich damit nicht, dass ich glaube, die Verhältnisse in der Welt würden sich von selbst ändern. Nichts wird sich ändern, wenn wir uns nicht darum bemühen, die Welt zu einem besseren Ort zu machen. Jede/r muss tun, was in seiner oder ihrer Macht steht, um etwas dazu beizutragen.

Ikeda: Ja. Ein Optimist braucht ein stabiles geistiges Fundament und feste Überzeugungen. Ein wahrer Optimist ist ein Mensch, der die Augen nicht vor der harten Realität verschließt, aber dennoch den festen Willen hat, alle Hindernisse zu überwinden, und der an das unbegrenzte Potenzial des menschlichen Geistes glaubt. Letztendlich müssen sich diese Überzeugungen im Handeln niederschlagen.

Der Nichiren-Buddhismus, den ich praktiziere, ist von diesem furchtlosen Optimismus durchdrungen. Nichiren, der im 13. Jahrhundert in Japan lebte, musste wiederholt Unterdrückung und Verfolgung erdulden. Er mahnte seine Schüler, »auf das Schlimmste gefasst zu sein und keine guten Zeiten zu erwarten, sondern die schlechten Zeiten als selbstverständlich hinzunehmen«.[1]
Er sagte außerdem: »Ihr müsst verstehen, dass man mit Schwierigkeiten rechnen muss, wenn man das Lotos-Sutra unter diesen Umständen praktiziert, und man muss diesen Weg als ›friedliche Praxis‹ begreifen.«[2] Er versicherte ihnen auch: »Jeder Winter wird zum Frühling.«[3] Trotz großer Hindernisse fuhr er fort, den Buddhismus zu lehren, und gab sein Bestes, um den Menschen zu helfen, ihr Glück zu finden.
Ein mutiger Optimismus kann uns darüber hinaus die Kraft geben, Hindernisse zu überwinden und Veränderungen in Gang zu bringen. Eine pessimistische Haltung kann niemals kreative Energien freisetzen.

Rotblat: Ja. Optimismus ist meine Lebensphilosophie. Das ist keine religiöse Einstellung, doch sie kommt Ihren religiösen Ansichten vielleicht nahe. Dr. Ikeda, wir starten an unterschiedlichen Ausgangspunkten, aber wir gelangen zu den gleichen Schlussfolgerungen.

»Lesen für das persönliche Wachstum und lernen um der Tugend willen«

Ikeda: Die buddhistischen Schriften (*Kusharon*) lehren, dass Hoffnung dem Körper Kraft gibt und unsere Lebensspanne verlängert. Professor Rotblat, Ihr langes, von

Hoffnung erfülltes, dem Frieden gewidmetes Leben ist der beste Beweis dafür, was ein grenzenloser Optimismus bewirken kann. Bitte lassen Sie die jungen Leute an Ihrer Weisheit teilhaben. Welchen Rat können Sie ihnen geben? Halten Sie es beispielsweise für wichtig, dass man sich mit den großen Werken der Weltliteratur und dem reichen spirituellen Erbe der Menschheit beschäftigt?

Rotblat: Es ist charakteristisch für das neue Jahrhundert, dass man sich das Wissen in vielen Bereichen – z. B. Naturwissenschaft, Kultur, Ethik und Gesellschaft – auch wenn es immer noch hauptsächlich in Buchform vermittelt wird, über eine Vielzahl von Quellen erschließen kann – beispielsweise über das Internet, das Fernsehen, das Radio. Doch Bücher sind auch heute noch das wichtigste Forum, um die eigenen Gedanken und Ansichten auszudrücken. Ich würde jedenfalls allen jungen Menschen, die einen Beitrag zum Wohl der Menschheit leisten wollen, den Rat geben, sich mit den Ansichten großer Denker auseinanderzusetzen.

Ikeda: Ich habe gehört, dass Sie als junger Mann sehr gerne Rabindranath Tagore, Jack London, Jules Verne und Romain Rolland gelesen haben.

Rotblat: Das stimmt. Sie repräsentieren verschiedene Genres, aber ich habe sie in meiner Jugend alle geliebt. Tagore ist ein indischer Poet, Jack London ein Autor von Abenteuerromanen und Jules Verne ein Science-Fiction-Schriftsteller. Mit jedem Buch, das ich las, erweiterte ich mein Wissen und gewann immer mehr Klarheit über meine Lebensaufgabe. Diese Bücher trugen zur Bildung meines Wertesystems und Weltbilds bei.

Eine Warnung muss man in Bezug auf das Lesen allerdings aussprechen, denn manche Bücher wurden von fanatischen Autoren oder aus reiner Profitgier verfasst. Es ist viel Schund und Unsinn auf dem Markt, und deshalb müssen wir bei der Auswahl unseres Lesestoffs sehr wach und kritisch sein.

Ikeda: Das ist richtig. Ich weise junge Menschen bei jeder Gelegenheit darauf hin, wie wichtig es ist, gute Bücher zu lesen. Als ich jung war, studierte ich bei Josei Toda, dem zweiten Präsident der Soka Gakkai, der mich aufforderte, jeden Tag in einem guten Buch zu lesen. Er schalt mich heftig aus, wenn er mich beim Lesen eines der einfachen und wenig geschmackvollen Wochenmagazine ertappte. Einmal sagte er: »Menschen sollten einen kultivierten Lebensstil pflegen, sie sollten lesen für ihr persönliches Wachstum und lernen um der Tugend willen.« Ich erinnere mich noch heute an seine strenge Ermahnung. »Wenn du deinen Geist mit dieser seichten Unterhaltungsliteratur vergiftest, die nur um des Geldes willen geschrieben wurde, sabotierst du deine Entwicklung und kommst völlig von deinem Weg ab.«
Besonders in jungen Jahren ist es wichtig, den eigenen Horizont zu erweitern, indem man Bücher aus den verschiedensten Themenbereichen liest. Professor Rotblat, welche wissenschaftlichen Werke würden Sie empfehlen?

Lesen, um unsere Welt zu verstehen

Rotblat: Da wir in einem Zeitalter der Wissenschaft leben, sollte, so meine ich, jeder über ein gewisses Maß an wissenschaftlichen Kenntnissen verfügen. Deshalb ist es

beispielsweise wichtig, Bücher über die Beschaffenheit des Weltraums und andere wissenschaftliche Werke zu lesen.
Der britische Physiker Stephen W. Hawking ist ein großartiger Wissenschaftler. Trotz seiner Lähmung und des nahezu totalen Verlusts seiner Fähigkeit, Informationen zu vermitteln – hierzu zählt auch sein Sprachverlust –, setzte er sich über seine physischen Einschränkungen hinweg und schrieb mehrere wichtige Bücher, darunter auch: *Eine kurze Geschichte der Zeit.*[4] Das ist kein leichtes Buch, weil es mit Informationen vollgepackt ist. Doch wenn man bis zum Ende durchhält, versteht man, wovon er spricht. Ich habe gehört, dass kürzlich vereinfachte Versionen seiner Werke veröffentlicht wurden.

Ikeda: Die japanischen Ausgaben seiner Bücher *Das Universum in der Nußschale*[5] und *Eine kurze Geschichte der Zeit* wurden in Japan zu Bestsellern. Hawking setzte seine Forschungsarbeit fort, obwohl er an der unheilbaren Krankheit ALS (Amyotrophe Lateralsklerose) leidet. Das Leben von Stephen W. Hawking, der mithilfe eines Stimmsynthesizers und eines tragbaren Computers Vorträge hält und Bücher schreibt, ist ein leuchtendes Beispiel für das unbegrenzte Potenzial in jedem von uns.

Rotblat: Ja. Ein weiterer Autor, den ich sehr schätze, ist Martin Rees, der die wichtigsten wissenschaftlichen und technologischen Errungenschaften des vergangenen Jahrhunderts zusammenfasst und ihre Bedeutung für die Menschheit untersucht. Er wurde in England mit dem Titel »Astronomer Royal« (Königlicher Astronom) ausgezeichnet und ist in der Welt der Wissenschaft ein bedeutender Mann. Seine Bücher empfehle ich besonders.[6]

Außerdem ist es wichtig, Werke über Geschichte zu lesen. Richard Rhodes veröffentlichte beispielsweise zwei Bücher über jenen Prozess, der zur Erfindung der Atombombe führte.[7] Der erste Band handelt von der Entwicklung der Kernwaffen, der zweite von der Erfindung der Wasserstoffbombe. Ich könnte noch viele andere wissenschaftliche Werke nennen, die auch für Laien geeignet sind. Wenn die Menschen solche Bücher lesen, gewinnen sie tiefere Einblicke in das, was auf dieser Welt vor sich geht, und können sich ihr eigenes Urteil bilden.

In einem demokratischen Land haben die Menschen die Möglichkeit, ihre politischen Führer zu wählen, das heißt, sie haben bei der Auswahl der Legislative und des Präsidenten ein Wörtchen mitzureden. Wie können wir jedoch verhindern, politischer Propaganda auf den Leim zu gehen, und wie können wir lernen, die Dinge richtig einzuschätzen? Das Wichtigste ist, die Fakten zu kennen. Wenn man sorgfältig recherchierte Bücher liest, sind die Fakten klar. Dann kann man seine eigenen Schlüsse ziehen und ist nicht auf Gedeih und Verderb dem Medien-Journalismus ausgeliefert.

Ikeda: Die Menschen sind heutzutage überfordert von der Informationsflut, der sie tagtäglich ausgesetzt sind. Man braucht einen klaren Blick und ein offenes Herz, um zwischen Richtig und Falsch unterscheiden zu können. Und um dieses Urteilsvermögen, diesen Blick für die Wahrheit zu entwickeln, muss man seinen Intellekt schulen. Man muss sich auf allen Ebenen weiterentwickeln und außerdem ein Bewusstsein für die geschichtlichen Zusammenhänge entwickeln. Das schärfe ich den jungen Leuten ständig ein.

Übrigens, was halten Sie von Poesie? Sie erwähnten, dass

Sie in Ihrer Jugend gerne den berühmten Dichter Rabindranath Tagore gelesen haben.

Rotblat: Oh, das ist schon so lange her. Sie, Dr. Ikeda, haben auch einige ausgezeichnete Gedichte geschrieben.

Ikeda: Vielen Dank. Bei dieser Gelegenheit möchte ich Ihnen noch einmal für das wunderbare Vorwort danken, das Sie für die englische Ausgabe meiner Gedichtsammlung *Fighting for Peace* geschrieben haben.

Rotblat: Ihre Gedichte sind wunderschön; sie sind durchdrungen von einer Botschaft der Hoffnung und beinhalten Reflexionen über Ängste und Träume. Sie drücken sich auf eine Weise aus, die mein Herz unmittelbar berührt. Deshalb lese ich so gerne die exquisiten Werke zeitgenössischer Dichter wie Ihre, Dr. Ikeda.
Wie ich auch in meinem Vorwort schrieb, bin ich wirklich davon überzeugt, dass Ihre Poesie »den Verzweifelten Hoffnung schenkt, den Schwachen Kraft gibt und die Gedemütigten ermutigt«.[8]

Ikeda: Ich danke Ihnen sehr für diese freundlichen Worte. Einmal abgesehen von meinen Veröffentlichungen, glaube ich, dass Poesie den Geist unendlich bereichern und beflügeln kann. Sie kann nationale Grenzen und große Entfernungen überwinden und kann, ähnlich wie die Musik, Menschen im Herzen und im Geist miteinander verbinden. In der Welt der Poesie gibt es keine Diskriminierung. Deshalb empfinde ich sie als kostbaren Schatz.
Professor Rotblat, ich habe gehört, dass Sie auch selbst Gedichte über das Thema Frieden geschrieben haben.

Rotblat: Ja, aber ich wurde anscheinend nicht von der Muse der Poesie geküsst. Ich liebe das Studium der Sprache. Ich studiere den Ursprung und die Bedeutung von Wörtern, und ich finde es interessant, neue Wörter zu lernen. Ich drücke meine Gedanken eher in Prosa aus.

Hohe Erwartungen an die kommende Generation

Ikeda: Poesie ist nicht bloß eine literarische Ausdrucksform. Man könnte sie als das Verlangen bezeichnen, andere zu inspirieren. Ihre Gedichte und anderen Werke sind durchdrungen von der Vision des Friedens und ich hoffe, dass sie von vielen Menschen gelesen werden.
Bisher haben wir darüber gesprochen, was wir der Menschheit hinterlassen wollen, und ich möchte Sie zum Schluss noch fragen, was Sie für die junge Generation erhoffen und welche Erwartungen Sie an sie haben.
Die Pugwash-Bewegung setzt hohe Erwartungen in ihre jungen Mitglieder und Studenten. Unter welchen Umständen wurde diese Gruppe junger Wissenschaftler gegründet?

Rotblat: Wie wir bereits gesagt haben, wurde die Pugwash-Organisation gegründet, um führenden Wissenschaftlern Gelegenheit zu geben, ihre Bemühungen zu koordinieren. Auch das Russell-Einstein-Manifest wurde ja von Wissenschaftlern unterstützt und unterzeichnet, die dieselben ethischen Vorstellungen hatten.
Wir müssen auch an die Zukunft denken. Ich bin wahrscheinlich der Älteste, aber wir Älteren neigen dazu, vorwiegend mit Leuten zu reden, die genauso alt sind wie wir.

Zwischen uns gibt es viel Verständnis und Übereinstimmung, doch wir müssen uns mit aller Kraft darum bemühen, die kommende Generation zu unterstützen und zu fördern, damit sie überlebt und eine bessere Welt aufbauen kann als die, die wir ihr hinterlassen. Wir müssen dafür sorgen, dass sich die Tragödien der Vergangenheit nicht wiederholen.

Deshalb hat die Pugwash-Bewegung von Anfang an junge Wissenschaftler mit einbezogen und gefördert, insbesondere auf der universitären Ebene. Wir sind der Ansicht, dass die Fragen, die bei den Pugwash-Konferenzen behandelt werden, Teil des intellektuellen Gedankenaustauschs in Bildungseinrichtungen sein sollten. Um sicherzustellen, dass jüngere Wissenschaftler mit diesen Ideen und Visionen in Kontakt kommen, haben wir die Pugwash-Gruppe für Studenten und junge Wissenschaftler gegründet.

Ikeda: Das war sehr vorausschauend von Ihnen. Sie erinnern mich an meine Begegnungen mit dem früheren südafrikanischen Präsidenten Nelson Mandela. Einmal fragte ich ihn, ob er sich einen Nachfolger herangezogen hätte. Damit wollte ich andeuten, dass seine 10 000-tägige Haftstrafe, die er aufgrund seines Kampfes für die Menschenrechte absitzen musste, ganz umsonst gewesen wäre, wenn er keinen jungen Nachfolger hätte. Doch der frühere Präsident erwiderte lächelnd: »Ja, ich habe einen Nachfolger.«

Innerhalb der Soka Gakkai International hat unsere Bewegung für den Frieden und die Schaffung kultureller Werte großen Wert auf die Förderung junger Menschen gelegt und beträchtliche Energie in die Jugendarbeit gesteckt. Unser zweiter Präsident, Josei Toda, der das Fun-

dament für unsere heutige Bewegung legte, hat oft betont: »Das neue Zeitalter wird durch die Leidenschaft und Energie der Jungen geformt.«
Es ist interessant, dass die Mitglieder der Pugwash-Gruppe für Studenten und junge Wissenschaftler so viel jünger sind als Sie, und es würde mich interessieren, wie Sie sich im Umgang mit diesen jungen Leuten fühlen.

Sich mit den Jungen verbünden

Rotblat: Ich bin das älteste Mitglied der Pugwash-Konferenzen, aber das Alter spielt überhaupt keine Rolle. Meine Beziehung zu den jungen Mitgliedern ist sehr gut. Als ich selbst noch sehr jung war, konnte ich mir nicht vorstellen, mich mit viel älteren oder jüngeren Menschen auszutauschen. Jetzt habe ich einen Assistenten, der sechzig Jahre jünger ist als ich, dennoch habe ich mir noch nie Gedanken über unseren Altersunterschied gemacht. Wir sind wie Brüder, ermutigen uns gegenseitig und arbeiten als Kollegen zusammen.

Ikeda: Das ist wunderbar. Wahrscheinlich können Sie so gut mit Jüngeren kommunizieren, weil Sie immer bescheiden und innerlich jung geblieben sind.

Rotblat: Ich habe mich tatsächlich nie als alten Menschen gesehen. Ich fühle mich immer so, als ob ich jung wäre. Der menschliche Körper hat seine Grenzen und diese Auswirkungen des Alters spüre ich natürlich schon. Aber das betrifft nur meinen Körper, denn mein Geist altert nicht. Geistig fühle ich mich noch genauso wie in jungen Jahren. Ungeachtet der Tatsache, dass ich das älteste Mitglied der Pugwash-Bewegung bin, wurde ich zum Verbindungsmann zwischen der Studentengruppe und den älteren Mitgliedern ernannt, und ich bin glücklich darüber, dass diese beiden Gruppen so gut miteinander harmonieren.

Ikeda: Unser erster Präsident, Tsunesaburo Makiguchi, rief noch in seinen Siebzigern oft mit Begeisterung in der Stimme aus: »Wir, die Jugend...!« Professor Rotblat, Sie sind in der Tat ein Beispiel für lebenslange Jugend.

Rotblat: Letzten Oktober [2004] hatte ich bei meinem Besuch in Seoul ein sehr schönes Erlebnis. Alle Mitglieder der Pugwash-Gruppe junger Wissenschaftler waren anwesend. Es waren lauter frühere Studenten von mir, und sie teilten mir mit, dass sie meinen Namen für ihr nächstes Projekt verwenden wollten. Ich fühlte mich sehr geehrt und war glücklich, als das bei der Konferenz in Seoul angekündigt wurde.

Ikeda: Ich kann gut verstehen, warum die jungen Leute Sie, ihren Lehrer, anerkennen und ehren wollten. Die Beziehung zwischen Lehrer und Schüler ist eine der edelsten Beziehungen, die Menschen miteinander haben können. Ich anerkenne und ehre meinen Mentor ebenfalls, indem ich der Welt sein Vermächtnis nahebringe.

Rotblat: Die Begeisterung der Jugend ist etwas so Kostbares. Wenn Menschen älter werden, zehren unweigerlich verschiedene Dinge an ihnen und lassen sie müde werden. Die Leidenschaft, die Energie und die Begeisterung der Jugend nehmen manchmal zu extreme Formen an – und dennoch sind sie unverzichtbar. Ich versuche immer, sehr behutsam zu sein, damit ich die Begeisterung eines jungen Menschen nicht im Keim ersticke. Ich versuche auch stets, die jungen Leute zu ermutigen, sodass das Feuer ihrer Begeisterung weiterhin hell lodern kann.

Ikeda: Weil Sie ein vorbildlicher Mentor sind. Es gibt keine andere Möglichkeit, eine friedliche Weltgemeinschaft aufzubauen, als die Förderung vieler junger Menschen. Wir müssen sie motivieren und ermutigen, sich zum Wohl der Menschheit zu engagieren.
Ich verspreche Ihnen, dass ich mich mit neuer Entschlossenheit und mit unserer gemeinsamen Vision im Herzen für die Friedenserziehung und die Erziehung zur Weltbürgerschaft einsetzen werde, damit wir eine hoffnungsvolle Zukunft für die Menschheit gestalten können.

10

Die Vision einer Welt ohne Krieg: die Vereinten Nationen und wir, die Bürger

Ikeda: Manche Leute behaupten, die Geschichte der Menschheit sei eine Geschichte des Krieges und der Gewalt. Das mag zutreffen, aber man könnte ebenso gut sagen, dass sie eine Geschichte des unablässigen Bemühens um die Beendigung der Schrecken des Krieges ist. Im Laufe des von Krieg und Gewalt erschütterten 20. Jahrhunderts wurde ein Netzwerk aufgebaut, welches auf dem Konsens beruht, dass das »Recht des Stärkeren« einem allgemeinen Respekt vor »Recht und Gesetz« weichen muss. Das haben wir besonders den Opfern und heroischen Bemühungen der vielen Menschen zu verdanken, die für eine gerechtere Weltordnung gekämpft haben. Die Vereinten Nationen stehen ohne Zweifel im Zentrum dieser Bemühungen.

Doch heute erleben wir sowohl im Hinblick auf »Recht und Gesetz« als auch auf die Vereinten Nationen eine tiefe Krise. Der damalige UN-Generalsekretär Kofi Annan verband seine Rede vor der UN-Vollversammlung im Jahre 2004 mit einer ernsten Warnung. Bezug nehmend auf die Notwendigkeit, zum Respekt vor Recht und Gesetz zurückzukehren, sagte er: »Um das zu tun, muss unser höchstes Prinzip sein, dass niemand über dem Gesetz steht und dass niemandem sein Schutz versagt werden darf. Jede Nation, die im Inneren die Einhaltung von

Recht und Gesetz proklamiert, muss sie auch im Ausland respektieren, und jede Nation, die sie im Ausland einfordert, muss sie im eigenen Land durchsetzen.«[1]
In derselben Rede plädierte der Generalsekretär für eine Reform der Vereinten Nationen – jenes Bollwerks für »Recht und Gesetz«, das sich aus der Asche des Zweiten Weltkriegs erhoben hatte, eines Kriegs, der unsägliches Leid über die Menschheit brachte.
Ich bin zutiefst besorgt über die kontinuierlichen Versuche, sogar noch im 21. Jahrhundert das »Recht des Stärkeren« zu legitimieren, anstatt Recht und Gesetz zu achten.

Auf der Suche nach Rechtmäßigkeit in einer multikulturellen Welt

Rotblat: Um eine Welt schaffen zu können, in der es keine Kriege gibt, brauchen wir ein globales Kontrollsystem, und der erste Schritt hin zu diesem Ziel ist eine Erneuerung der Vereinten Nationen. Aus diesem Grund habe ich die UN von Anfang an unterstützt.
Zu den Vereinten Nationen gehören heute 191 Mitgliedsländer. Natürlich existieren in jedem dieser Länder individuelle ökonomische Bedingungen, kulturelle Traditionen und unterschiedliche Standpunkte in Bezug auf bestimmte politische Fragen. Es ist also ein langwieriger und komplizierter Prozess, Übereinstimmung zwischen allen Mitgliedsländern im Hinblick auf jedes einzelne Problem zu erzielen. Deshalb hört man oft, die UN seien ein zahnloser Tiger, und viele Leute beklagen sich darüber, dass es im Allgemeinen so lange dauert, einen Konsens zu finden. Dennoch ist das die einzige Möglichkeit, Probleme auf demokratische Weise zu lösen.

Ikeda: Das demokratische System ist gewiss nicht vollkommen, aber es ist nun einmal eine Tatsache, dass wir kein besseres System haben. Winston Churchill hat einmal gesagt: »Eine Demokratie ist die schlechteste Regierungsform, abgesehen von all den anderen Formen, die von Zeit zu Zeit ausprobiert wurden.«[2] Dasselbe könnte man über die Vereinten Nationen sagen, eine Organisation, die ja Demokratie auf internationaler Ebene repräsentiert.
Die UN mögen eine scheinbar ineffiziente, machtlose und manchmal sogar beklagenswerte Organisation sein, und doch geht es der Welt mit den Vereinten Nationen wesentlich besser als ohne sie. In seiner UN-Rede von 1961 sagte Präsident John F. Kennedy: »Das Problem ist nicht der Tod eines einzelnen Menschen, sondern das Überleben dieser Organisation. Sie wird entweder wachsen, um mit den Herausforderungen unserer Zeit fertig zu werden, oder sie wird vor sich hin dümpeln, ohne Einfluss, ohne Macht und ohne Achtung. Würden wir sie sterben lassen, schwächen oder ihren Einfluss beschneiden, so würden wir damit unsere Zukunft gefährden.«[3] Diese Rede enthielt eine Botschaft, die für unsere heutige Welt immer mehr an Bedeutung gewinnt.

Rotblat: Würden wir lieber in einer Diktatur leben, in der wir unsere eigene Meinung nicht laut sagen dürften und alle Angelegenheiten rasch »von oben« erledigt würden? Oder würden wir es vorziehen, Übereinkünfte zu treffen, mit denen alle leben können, ganz gleich, wie viel Zeit oder Anstrengung dieser Prozess kostet?
Entscheiden wir uns für die zweite Option – den demokratischen Weg –, müssen wir unterschiedlichen Menschen und Gruppen Gelegenheit geben, ihre Sicht der

Dinge darzulegen. Deshalb spielen auch Nichtregierungsorganisationen (NGOs) eine immer wichtigere Rolle.

Ikeda: Wir müssen heute die schwierige Entscheidung treffen, auf welche Weise wir das System des UN-zentrierten Multilateralismus unterstützen wollen.
Die durch den Irakkrieg in der internationalen Gemeinschaft entstandenen Unstimmigkeiten zeigen uns, dass die internationale Ordnung nicht gut funktioniert, wenn wir in diesem multinationalen Rahmen nicht nach einer allgemein akzeptierten Rechtsgrundlage streben und handeln. In diesem Sinne könnten die Warnungen, die auf die Krise der UN aufmerksam machen, auch als Chance erkannt werden, sich auf internationaler Ebene neu zu positionieren. Deshalb dürfen wir im Hinblick auf den Reformprozess der Vereinten Nationen auch nicht zu engstirnig sein, sondern müssen ihn als willkommene Gelegenheit nutzen, die Organisation neu zu beleben, zu stärken und entscheidende Verbesserungen in Gang zu bringen.
Und wie Sie schon sagten, Professor Rotblat, muss dieser Prozess die demokratische Entscheidungsfindung innerhalb der Organisation fördern. Ein wichtiger Punkt, der in diesem Zusammenhang angesprochen werden muss, ist der Respekt vor den demokratischen Spielregeln in den Beziehungen der Nationen untereinander. Dazu gehört die Frage der Zusammensetzung der permanenten Mitglieder im UN-Sicherheitsrat. Und man muss in Zukunft auch ernsthaft über die Abschaffung des Vetorechts nachdenken.
Die demokratische Beteiligung an den Entscheidungsprozessen der UN kann auch dadurch verbessert werden, dass die Bürger mit ihren Wünschen durch die Einbeziehung

von Nichtregierungsorganisationen repräsentiert werden. Diesen Vorschlag mache ich in jeder meiner Neujahrsansprachen am SGI-Tag [26. Januar] aufs Neue. Ich habe sogar jedem Generalsekretär auf direktem Weg einen Reformplan unterbreitet. So schlage ich beispielsweise vor, dass zusätzlich zur gegenwärtigen UN-Vollversammlung, die sich aus den Repräsentanten der gegenwärtigen Mitgliedsländer zusammensetzt, eine Bürger-Vollversammlung etabliert wird, in deren Rahmen NGOs, Arbeitgeberverbände, Gewerkschaften und andere Bürgergruppen am globalen UN-Pakt beteiligt sind. So würde aus der derzeitigen Organisationsform ein Zwei-Kammer-System.
Im März 2005 betonte UN-Generalsekretär Kofi Annan (seit 1. Januar 2007 abgelöst durch Ban Ki Moon, A. d. Ü.) in seinem Bericht zur UN-Reform, dass Möglichkeiten geschaffen werden müssen, die Zivilgesellschaft, also die Öffentlichkeit, voll und systematisch in die Entscheidungen der UN einzubinden. Ich hoffe, dass dieses Ziel sehr bald mithilfe einer mutigen Resolution und anhaltender Bemühungen erreicht wird. Um etwas gegen die chronischen Finanzierungsprobleme der UN zu tun, sollte man meiner Meinung nach versuchen, zusätzlich zu den Mitgliedsbeiträgen der einzelnen Nationen Gelder aus privaten Quellen zu erhalten. Das habe ich auch dem früheren UN-Generalsekretär Boutros Boutros-Ghali bei unserem Treffen in Tokio im Jahre 1993 vorgeschlagen.

Rotblat: Ich bin überzeugt, dass die Menschen die Gesellschaft beeinflussen können. Und da ist keine Anstrengung umsonst. Wenn man einen kleinen Stein in einen Teich wirft, breiten sich die Wellen rasch vom Zentrum her aus, und obwohl die äußeren Wellen flacher werden, verschwinden sie nicht ganz. Jeder Mensch kann Wellen erzeugen, die die Gesellschaft verändern. Werden diese Anstrengungen mithilfe von Nichtregierungsorganisationen gebündelt und kanalisiert, vervielfältigen sich die Möglichkeiten, Einfluss auf die Gesellschaft zu nehmen, unweigerlich.

Ikeda: Mit dem Fortschreiten der Globalisierung ist es für die UN zunehmend schwieriger geworden, Fragen wie Sicherheitsprobleme, Menschenrechte, Umweltprobleme, Entwicklungshilfe und kulturelle Vielfalt allein durch Verhandlungen und Vereinbarungen zwischen einzelnen Ländern befriedigend zu regeln. Um den Auswirkungen der Globalisierung zu begegnen, müssen wir die Kontroll- und Regelungsmechanismen der verschiedenen Systeme auf der ganzen Welt ändern. Wenn wir das tun, wird, wie Sie schon sagten, der zivile Sektor eine immer wichtigere Rolle spielen.
Schon heute arbeitet die Zivilgesellschaft nicht nur mit den Vereinten Nationen zusammen, sondern ist eine der Hauptstützen der UN. Wie wir bereits beim Zustandekommen des Verbots von Landminen, das der Solidarität und dem Engagement von über Tausend Nichtregierungsorganisationen aus aller Welt zu verdanken ist, sowie dem Spruch des Internationalen Gerichtshofs, der Atomwaffen für illegal erklärte, beobachten konnten, stellt die Zivilgesellschaft durchaus eine Macht dar, die die internationale Politik beeinflussen kann.

Rotblat: Solidarität ist so wichtig. Wenn wir uns zusammentun, können wir die Welt verändern. Es braucht vielleicht seine Zeit, aber auf lange Sicht werden die Menschen schließlich siegen. Natürlich wird es noch eine

ganze Weile dauern, bis die auf dem menschlichen Gewissen beruhenden Ideale zum allgemeinen Standard in der Regierungspolitik werden. Doch inzwischen halten sich bereits viele Freiwilligengruppen und NGOs bei ihren spezifischen Aktivitäten an diesen Standard.
Dazu gehören Gruppen mit einer langen Geschichte wie das Internationale Rote Kreuz, aber auch viele andere, die erst in den vergangenen Jahrzehnten gegründet wurden, wie beispielsweise Amnesty International, Oxfam, Greenpeace, Internationale Ärzte für die Verhütung des Atomkrieges (IPPNW), Ärzte in Sozialer Verantwortung (PSR) und natürlich die Pugwash-Bewegung. Diese Gruppen sind global agierende soziale Bewegungen, die dazu beigetragen haben, das Verständnis von »Staatsbürgerschaft« zu erweitern und ein Bewusstsein für die Loyalität gegenüber der ganzen Menschheit zu schaffen.

Ikeda: Ja. Um 1914 gab es 1083 NGOs, im Jahr 2000 waren es 37000. Die Solidarität, die Menschen über Ländergrenzen hinweg verbindet, wuchs zunächst als Reaktion auf transnationale Umweltprobleme. Doch nun formiert sich eine riesige Bewegung, weil die Menschen den Einfluss nationaler Regierungsgewalt immer mehr in Frage stellen. Sie wollen diesen Einfluss begrenzen und alternative Institutionen etablieren.
Dazu fällt mir Arnold Toynbees großartiges Buch *A Study of History*[4] ein. Professor Toynbee behauptete, dass, wenn dominierende Länder eine zentrale Stellung in einer Zivilisation einnehmen, dies nicht auf die Blüte dieser Zivilisation hinweist, sondern auf ihren Niedergang und Zusammenbruch. Mit anderen Worten, der Niedergang einer Zivilisation macht sich durch immer mehr innere Brüche bemerkbar, politische Führer intrigieren um des

Machterhalts willen, und es entsteht so etwas wie ein »Universalstaat«. Dieser »Universalstaat« ist jedoch dem Untergang geweiht, da er von einem externen Proletariat angegriffen wird, das ihn mit physischer Gewalt von außen bekämpft, und von einem inneren Proletariat, von dem ein spiritueller und gewaltloser Widerstand innerhalb des Staates ausgeht.

Dieses interne Proletariat bildet von innen her das Fundament für die nächste Zivilisation. Ich werde hier nicht der Versuchung erliegen, ein bestimmtes Land als den heutigen »Universalstaat« zu benennen. Ich erwarte auch keine Katastrophe. Da die politischen Führer der Welt jedoch nicht in der Lage sind, effektive Lösungen für die zahlreichen Probleme zu finden, die die internationale Gemeinschaft zu zerstören drohen, wie beispielsweise Atomwaffen, Umweltzerstörung und extreme Armut, betrachte ich es als besonders wichtig, dass in Solidarität über die Grenzen hinweg vereinte Weltbürger die spirituellen Werte der Gewaltlosigkeit und friedlichen Koexistenz annehmen und die Tendenz der öffentlichen Meinung ändern.

Ich glaube, dass wir, die Mitglieder der SGI – die geeinte Kraft von Menschen aus 190 Ländern und Regionen –, in diesem Prozess Verantwortung übernehmen müssen, und ich glaube auch, dass Professor Toynbee mir zustimmen würde. Er hatte ja vorhergesagt, dass sich die spirituelle Basis für eine neue Zivilisation in Ostasien formieren und der Impuls für einen weltweiten Frieden von dort ausgehen würde.

Rotblat: Sie haben recht. Um weltweite Unterstützung für die Vision einer Welt ohne Krieg zu gewinnen, brauchen wir ein neues Paradigma im Hinblick auf Sicherheitsfragen. In einer Zeit, da militärische Konflikte das Überleben der ganzen Menschheit bedrohen, müssen wir ernsthaft über Möglichkeiten nachdenken, diese Bedrohung zu beseitigen.

In früheren Zeiten galt die Sorge der Menschen vor allem der Sicherheit der eigenen Familie. Später begannen sie sich um die Sicherheit ihres Landes oder ihrer Nation zu sorgen. Und heute müssen wir anfangen, ein Bewusstsein für die Sicherheit der ganzen Menschheit zu entwickeln.

Im Laufe der Menschheitsgeschichte haben die Menschen ihr Loyalitätsdenken allmählich auf immer größere Gruppen ausgedehnt. Jetzt müssen wir den letzten Schritt tun, das heißt, ein Gefühl der Loyalität gegenüber der gesamten Menschheit entwickeln. Das Problem ist nur, dass die Vorstellung von »der Menschheit« in den Köpfen der Menschen zu unbestimmt und abstrakt ist. Es ist gewiss schwierig, ein warmes, liebevolles Gefühl für eine Gruppe von etwa 6,5 Milliarden Menschen zu entwickeln. Beschränken wir das allerdings auf die Frage der Loyalität, sollte die Größe der Gruppe kein Problem darstellen.

Dass das funktioniert, kann man am Beispiel der USA sehen, einem Land mit 260 Millionen Einwohnern mit extrem unterschiedlichen rassischen und ethnischen Merkmalen. Dennoch haben die US-Bürger ein viel stärkeres Zugehörigkeitsgefühl zu ihrem Land als die Bürger anderer, viel kleinerer Nationen. Viel wichtiger als die Größe der Gruppe ist das Bewusstsein, an dieselben Werte zu glauben, die Möglichkeit, aktiv am politischen Geschehen teilhaben zu können und das gemeinsame Interesse an der wirtschaftlichen, sozialen und kulturellen Entwicklung des Landes. In Anbetracht dieser Tatsachen haben wir die Hoffnung, dass es möglich ist, im Laufe der Zeit ein Loyalitätsgefühl gegenüber der gesamten Menschheit zu entwickeln.

Ikeda: Vor etwa hundert Jahren sagte der erste Präsident der Soka Gakkai, Herr Tsunesaburo Makiguchi, die Menschen müssten sich auf drei Arten wahrnehmen. Erstens sollten sie sich als Gemeindemitglieder fühlen, die tief in ihrer Heimatgemeinde verwurzelt sind, zweitens als Bürger ihres Landes und drittens als Weltbürger, deren Leben eng mit der ganzen Welt verbunden ist. Mit anderen Worten, ein starkes Gefühl der Zugehörigkeit sowohl zur Heimatgemeinde als auch zur Weltgemeinschaft verhindert engstirniges Denken im Sinne von Nationalismus und Rassismus.

Obwohl Japan zu Makiguchis Zeit zunehmend faschistisch wurde, blieb er seinen Grundsätzen treu. Aufgrund seiner festen Überzeugungen betrachteten ihn die Machthaber als Bedrohung und schickten ihn ins Gefängnis, wo er schließlich starb.

Nationalismus ist eine Weltanschauung, die unter besonderen Bedingungen während bestimmter Perioden künstlich erzeugt wird. Auf der anderen Seite ist Patriotismus ein natürliches Gefühl, das über die Umstände einer bestimmten historischen Periode hinausgeht und nicht auf den Rahmen des Nationalstaats begrenzt ist.

Ich hatte mehrmals Gelegenheit, mit Astronauten und Kosmonauten zu sprechen, und alle sagten, sie hätten, als sie die Erde vom Weltall aus sahen, ein starkes Gefühl der Verbundenheit mit ihrem Heimatplaneten empfunden

und sich selbst als Erdenbürger wahrgenommen. Ihr ganzes Denken und Handeln entspringt dem Wunsch, zum Wohl der gesamten Menschheit beizutragen.
Professor Rotblat, ich teile Ihre Meinung, dass es ungeheuer wichtig ist, ein Bewusstsein der Weltbürgerschaft in den Menschen wachzurufen.

Rotblat: Eine der größten Schwierigkeiten, die es im Hinblick auf die Entwicklung dieses Bewusstseins der Weltbürgerschaft zu überwinden gilt, sind die Konflikte zwischen Menschen, die sich sehr stark mit ihren jeweiligen Ländern identifizieren. Der Nationalstaat, wie er sich in den vergangenen Jahrhunderten herausgebildet hat, zeichnet sich durch eine nationale Identität aus, welche die Bürger des betreffenden Staates zu verteidigen suchen. Mit anderen Worten, der Nationalstaat beruht auf dem Konzept der nationalen Souveränität und der Hervorhebung der Unterschiede zu anderen Nationalstaaten.
Darüber hinaus soll die wichtigste Funktion des Nationalstaates ja angeblich darin bestehen, dass er seine Bürger vor der Bedrohung durch andere Nationalstaaten schützt. Daraus leiteten die Nationen das Recht ab, eine Kriegsmaschinerie zu unterhalten. Anatol Rapoport, ein führender Politikexperte für internationale Angelegenheiten, hat sich mit diesem Thema auseinandergesetzt. Er schreibt:

> Es gilt als unbestreitbar, dass die Autonomie eines Staates durch seine Souveränität garantiert wird, und seine Souveränität durch sein militärisches Potenzial. Daher wird ein militärisches Establishment in praktisch jedem Staat allgemein als unverzichtbare Institution betrachtet ... Das Überleben der »Institution Krieg« einerseits und des Na-

tionalstaates, wie wir ihn kennen, andererseits, sind daher eng miteinander verbunden.[5]

Um die »Institution Krieg« zu beseitigen, müssen wir also in der Tat das dornige Problem der nationalen Souveränität überwinden.

Ikeda: Ja, die »Institution Krieg« ist, wie Sie sagen, mit der nationalen Souveränität verknüpft. Wenn man allerdings in Betracht zieht, dass es sich bei den meisten Konflikten nach dem Kalten Krieg nicht um Auseinandersetzungen zwischen Ländern mit einem etablierten militärischen Machtapparat handelte, sondern um interne Konflikte, muss man sich klarmachen, dass die Abschaffung des Krieges in jeder Form nicht nur eine Sache der Beseitigung des Nationalstaatensystems ist. Im Gegenteil, wenn das Waffenmonopol der Nationalstaaten zugunsten eines anarchi-

Professor Arnold Toynbee und Dr. Daisaku Ikeda im Jahre 1972 in London

schen Zustands aufgegeben wird und ein Machtvakuum entsteht, könnte sich die Gewalt überall ausbreiten. Deshalb ist nicht die Beseitigung des Nationalstaates das Wichtigste, sondern die Frage, was man gegen die eindeutige Überbetonung der nationalen Souveränität tun kann, die es Ländern erlaubt, Waffen zu besitzen und zu horten, die die ganze Menschheit auslöschen könnten.

Der Aufbau internationaler Kontrollsysteme zur Friedenssicherung

Rotblat: In naher Zukunft wird sich das bisherige Konzept der Souveränität mehr in Richtung »Autonomie« verschieben. Gemäß Rapoport ist Autonomie »die Unabhängigkeit innerhalb eines bestimmten politischen Umfeldes, die durch ein Gefühl der Verantwortung auf ein hohes Organisationsniveau beschränkt wird«.
Das wichtigste Element der nationalen Souveränität, nämlich das Recht und die Möglichkeit, Krieg zu führen, muss beseitigt werden. Keinem Land der Welt wäre es dann erlaubt, einen Krieg zu beginnen. Und damit wird die Aufrechterhaltung eines militärischen Apparates unnötig.
Das würde, mit anderen Worten, bedeuten, nationale Militärapparate abzuschaffen und eine unter der Jurisdiktion einer globalen Organisation stehende und allgemein akzeptierte Polizeitruppe zu bilden, die mit genau festgelegten Befugnissen ausgestattet ist, um den Frieden aufrechtzuerhalten. Es wäre dann keinem Land erlaubt, einem anderen Land den Krieg zu erklären. Natürlich würde es den Menschen zunächst schwerfallen, ein solches System zu akzeptieren, weil wir immer noch am Konzept des Nationalstaates hängen.

Der Nationalstaat würde aber durch die Förderung der kooperativen Aspekte der nationalen Autonomie und die Ausschaltung der trennenden Tendenzen weiterhin als Bindeglied zwischen dem Individuum und einer stabilen und friedlichen internationalen Gemeinschaft existieren.

Ikeda: Lord Bertrand Russell und Albert Einstein, die prominentesten Unterzeichner des Russell-Einstein-Manifestes, plädierten für die Konzentration militärischer Macht unter der Jurisdiktion einer Weltregierung. Auch Mahatma Gandhi befürwortete diese Idee.
Vor längerer Zeit besprachen Norman Cousins und ich bis in alle Einzelheiten, in welche Richtung sich die Reform der Vereinten Nationen bewegen könnte. Er war der Meinung, dass die Kontrollfunktion einer Weltföderation auf der Basis der geteilten Souveränität innerhalb dieser Förderation – und der von den Nationalstaaten beibehaltenen Souveränität – klar definiert und aufrechterhalten werden müsste. Man wird sich in Zukunft sicher noch eingehender mit der Frage beschäftigen, welche Vorteile dieser Kurs bringt.

Rotblat: Einstein war ein genialer Wissenschaftler, aber er kannte sich auch in der Politik ziemlich gut aus. Er gelangte zu der Überzeugung, dass wir irgendeine Form von Weltregierung bilden müssen, um die Menschheit zu retten. Damit meinte er natürlich nicht, dass wir alle einen Treueid auf denselben despotischen Herrscher ablegen würden. Der Nationalstaat würde wahrscheinlich weiterexistieren und seine charakteristische Autonomie aufrechterhalten. Dabei wäre es besonders wichtig, die kulturelle Identität im Hinblick auf Sprache und Literatur zu bewahren.

In seinem Brief »An die Vollversammlung der Vereinten Nationen« schrieb Einstein 1947: »Die Vereinten Nationen sind eine äußerst wichtige und nützliche Einrichtung, vorausgesetzt, die Völker und Regierungen der Welt begreifen, dass sie nur ein Übergangssystem bis zum Erreichen des eigentlichen Ziels sein kann: der Schaffung einer supranationalen Autorität, die mit genügend legislativer und exekutiver Macht ausgestattet ist, um den Frieden aufrechterhalten zu können.«
Bertrand Russell betrachtete eine Weltregierung als einzige Möglichkeit, zu verhindern, dass sich die Menschheit selbst zerstört. In seinem 1961 veröffentlichten Buch *Has man a future?* wies Russell eindringlich auf die Notwendigkeit einer Weltregierung hin und stellte Überlegungen über die Beschaffenheit einer solchen Einrichtung an. Er schrieb: »Während der technologische Fortschritt die gegenwärtige internationale Anarchie noch ungleich gefährlicher gemacht hat, hat er gleichzeitig die technischen Möglichkeiten geschaffen, eine Weltregierung zu bilden, die in der Lage wäre, ihre Macht überall auszuüben und einen bewaffneten Widerstand praktisch unmöglich zu machen.«[6]

Ikeda: Beide Männer befürworteten eine Art Weltregierung, die sich allerdings erst noch manifestieren muss. Doch die von ihnen entwickelte Idee eines »globalen Regierungssystems« wurde auch von verschiedenen anderen Akteuren übernommen, die im Hinblick auf die UN eine wichtige Rolle spielen, einschließlich Nationen, NGOs, Unternehmen und Einzelpersonen, die versuchen wollen, eine multidimensionale Weltregierung zu realisieren.
Das Hauptproblem, das wir in Bezug auf die Weltpolitik lösen müssen, ist meiner Ansicht nach die Frage, wie man

ein internationales Regierungssystem schaffen könnte und wie dieses beschaffen sein müsste. Selbst ohne Weltregierung können wir beobachten, dass auf nationaler Souveränität basierende Regierungsformen allmählich überregionalen Regierungsformen Raum geben, wie beispielsweise in der Europäischen Union. Mit anderen Worten, wir werden gerade Zeugen eines historischen Experiments in der Menschheitsgeschichte. Vielleicht wird sich der Transfer von nationaler Souveränität zunächst nicht auf internationaler Ebene, sondern innerhalb bestimmter Regionen vollziehen. In Asien sprechen wir bereits von einer regionalen Ostasiatischen Staatengemeinschaft.
Um diesen Prozess zu beschleunigen, habe ich in dem von mir zu Beginn dieses Jahres [2005] vorgelegten Friedensvorschlags die Einrichtung eines Hauptquartiers einer Asiatischen Staatengemeinschaft vorgeschlagen.

Rotblat: Während des Kalten Krieges war die Verwirklichung der Idee eines globalen Regierungssystems völlig unrealistisch. Doch heute gehören diese großen ideologischen Kämpfe der Vergangenheit an und das größte Hindernis für die Bildung einer Weltregierung existiert nicht mehr.
Die Zeit ist reif für eine sorgfältige Sondierung der Voraussetzungen für die Realisierung internationaler Regierungsstrukturen, die einen dauerhaften Weltfrieden garantieren könnten. Natürlich wird der kühne Versuch, tatsächlich eine solche Struktur aufzubauen, nicht ohne langfristige und intensive Anstrengungen gelingen. Widerstand ist zweifellos von solchen Interessengruppen zu erwarten, die von den Konflikten zwischen einzelnen Nationen profitiert haben. Doch selbst diejenigen, die solche Konflikte keinesfalls gutheißen, könnten gegen den Versuch, inter-

nationale Mechanismen aufzubauen, starke Widerstände entwickeln, weil sie die Souveränität ihrer Nation aufrechterhalten und schützen wollen.
Darüber hinaus gibt es warnende Stimmen, die befürchten, die Führung eines solchen globalen Regierungssystems könnte autoritär oder voreingenommen sein. Andere befürchten die Entstehung einer gigantischen Bürokratie. Solche Befürchtungen sind durchaus berechtigt. Deshalb liegt die Bildung einer Weltregierung wahrscheinlich noch in weiter Ferne. Aber sie wird weiterhin als Vision in unseren Köpfen existieren. Das globale Regierungssystem, das ich vorschlug, wirkt heute vielleicht unrealistisch, doch seine Verwirklichung wird schließlich immer mehr in den Bereich des Möglichen rücken. Ich freue mich auf diese Zeit.

Der Weg zu einem Frieden auf der Grundlage von Recht und Gesetz

Ikeda: Ich bin ganz Ihrer Meinung. Wir müssen auf die Abschaffung stehender Heere und die Bildung einer Föderation freier Länder hinarbeiten. Diesen Wunsch kann man zweifellos schon in Kants Werk »Zum ewigen Frieden« entdecken, das vor über zweihundert Jahren geschrieben wurde. Kants Ideal einer Föderation der Nationen spiegelt sich heute in den Vereinten Nationen und in den Bemühungen um die Abschaffung stehender Heere wider, wie sie beispielsweise in Artikel 9 der japanischen Verfassung festgeschrieben ist oder derzeit in Costa Rica praktiziert wird.
Kant hatte einen Frieden im Sinn, der auf Recht und Gesetz beruht. Gemäß seiner Philosophie würde nicht per

Gesetz bestimmt, ob Krieg richtig oder falsch ist, sondern dass Krieg grundsätzlich falsch ist und dass wir ein System schaffen müssten, in welchem es gar keine Kriege geben könne. Laut Kant sollte die Möglichkeit, dass Nationen überhaupt keine Kriege führen, in allen Diskussionen über dieses Thema höchste Priorität haben. Die Tatsache, dass ein großer Krieg ausbrach, während intensive Bemühungen im Gange waren, Krieg generell für illegal zu erklären – die Haager Friedenskonferenzen und die Pariser Verträge –, zeigt letztendlich, dass wir Kriege nicht einfach durch Verträge oder Systeme verhindern können, wenn die Völker nicht den festen Willen dazu haben. Nach dem Zweiten Weltkrieg wurden die Vereinten Nationen ins Leben gerufen – dank des schlechten Gewissens der Menschen, ihrer Einsicht, dass ein weiterer Krieg das Überleben der Menschheit bedrohen würde, sowie ihrer Entschlossenheit, nie wieder einen solchen Krieg zuzulassen.
Ob wir Krieg generell abschaffen können, hängt davon ab, ob es uns gelingt, ein System zu schaffen, in welches die gesamte Weisheit der Menschheit einfließt, auch wenn uns die Schaffung eines solchen Systems mühsam erscheint.
Die Abschaffung von Krieg wird letztendlich nur möglich sein, indem man den Menschen hilft, eine »Festung des Friedens« in ihren Herzen zu errichten, und durch Bildung im weitesten Sinne den Willen zum Frieden stärkt.

Rotblat: Das glaube ich auch. Die Abschaffung der »Institution Krieg« wird nur möglich sein, wenn sich unser Verständnis des Begriffs »Nation« radikal ändert. Dazu muss aber ein Bildungsprozess in Gang gebracht werden, der in den Herzen der Menschen das Gefühl der Loyalität zur gesamten Menschheit weckt.

Wie bei allen Bildungsprozessen, braucht die Verwirklichung dieses Zieles Zeit. Doch das Wichtigste ist zunächst, dass wir diesen Prozess überhaupt in Gang setzen. Als passenden Abschluss für unser Gespräch möchte ich noch einmal das Motto »Si vis pacem, para pacem« in Erinnerung rufen – »Willst du Frieden, bereite dich auf den Frieden vor«. Ich denke, diese Haltung drückt die Überzeugung aus, dass es einen Weg gibt, die Menschheit – unsere wertvollste Ressource – zu schützen. Wir müssen unsere politischen Führer davon überzeugen, dass die einzige Möglichkeit, Frieden zu schaffen, darin besteht, sich »auf den Frieden vorzubereiten«. Es ist also ungeheuer wichtig, dass wir eine »Friedenskultur« entwickeln.

Ikeda: Von Dr. Elise Boulding hörte ich bei einem unserer Gespräche eine wunderbare Definition des Begriffs »Friedenskultur«. Sie bezeichnete sie als eine Kultur, in der die Menschen »kreativ mit ihren Unterschieden umgehen und ihre Ressourcen miteinander teilen«. Es geht doch letztendlich um die Frage, wie wir mit anderen umgehen. Wenn Menschen nicht bereit sind, diejenigen zu akzeptieren, die anders sind als sie selbst, wird die Welt eintönig, und die Konfrontationen zwischen verschiedenen Kulturen und Zivilisationen setzen sich fort.
Auch wenn wir behaupten, andere zu respektieren oder tolerant gegenüber Andersdenkenden zu sein, werden wir weiterhin in einer getrennten Welt leben, solange wir einen absolutistischen Standpunkt aufrechterhalten und darauf bestehen, dass unsere eigene Kultur und Zivilisation die überlegene ist. Der Schlüssel zur Überwindung dieser Tendenzen ist, wie Dr. Boulding sagt, der Austausch und der Dialog, sodass wir und die anderen sich im Laufe dieses Prozesses allmählich verändern.

Wir, die Mitglieder der SGI, glauben, dass es unsere Aufgabe ist, unser eigenes Bewusstsein und das der anderen durch den Dialog zu transformieren und dieses Bestreben in die Welt hinauszutragen.
Ich möchte Ihnen, Professor Rotblat, herzlich dafür danken, dass Sie mir während unserer Gespräche über diesen langen Zeitraum hinweg Ihre kostbare Zeit geschenkt haben. Auch empfinde ich tiefe Dankbarkeit für Ihre Bereitschaft, aufrichtig und lebendig über Ihre Hoffnungen und Erwartungen in Bezug auf die Zukunft der Menschheit und unsere gemeinsame Suche nach dem Frieden und der Menschlichkeit mit uns zu sprechen. Ihre Ausführungen haben diesen Gesprächen große Bedeutung verliehen.

Rotblat: Auch ich bin hocherfreut darüber, dass Sie es ermöglicht haben, meinen lang gehegten Wunsch zu erfüllen und einen Dialog mit Ihnen zu führen, Dr. Ikeda. Ich wünsche Ihnen alles Gute für Ihre zukünftige, vielleicht noch aktivere Beteiligung an dem Versuch, eine Welt ohne Krieg und Atomwaffen zu schaffen.

Anhang 1
Aufruf zum Verbot von Atom- und Wasserstoffbomben

Von Josei Toda, dem zweiten Präsidenten der Soka Gakkai

Die folgende Erklärung wurde am 8. September 1957 vom zweiten Präsidenten der Soka Gakkai, Josei Toda, im Mitsuzawa-Stadion in Yokohama verlesen. Anlässlich eines Sportfests der Soka-Gakkai-Jugend machte er seinen Aufruf öffentlich. Die in seiner Erklärung formulierten Gedanken gehen auf seine zweijährige Haftzeit während des Zweiten Weltkrieges zurück. Damals war er zusammen mit dem ersten Präsidenten der Soka Gakkai, Tsunesaburo Makiguchi, von Japans Militärregierung inhaftiert worden; seine vollständige Ablehnung des Krieges galt zu jener Zeit als subversiv. Als Josei Toda sich entschloss, mit seinem Aufruf an die Öffentlichkeit zu treten, ahnte er bereits, dass er nicht mehr lange leben würde. Er wollte diese Erklärung den Mitgliedern der Soka-Gakkai-Jugend – und durch sie der Welt – als seinen letzten Willen hinterlassen. Die Verwendung des Wortes »Teufel« in seinem Aufruf soll kurz erläutert werden. Aus buddhistischer Sicht bezieht sich der Begriff »Teufel« auf jene Tendenzen im menschlichen Leben, die, einmal in Gang gesetzt, dem Menschen die Lebenskraft rauben und Herz und Geist peinigen. Josei Toda betrachtete die Nuklearwaffen als Verkörperung dieser zerstörerischen Funktionen. Als er das Todesurteil für alle forderte, die auch nur erwägen, Atombomben einzusetzen, meinte er nicht den Vollzug des Todesurteils am Menschen. Er wählte diese Worte, um seinen Abscheu vor den teuflischen Kräften im Menschen deutlich auszudrücken, die den Gebrauch von Kernwaffen zu rechtfertigen suchen.

Diesen negativen Kräften stehen Mitgefühl und Kreativität als menschliche Eigenschaften gegenüber. Wenn man den einen Pol als »teuflische« Funktionen bezeichnet, könnte man den anderen als »Buddhanatur« ausdrücken. Wenn die Buddhanatur – der von Mitgefühl durchdrungene menschliche Einfallsreichtum – hervortritt, können Wege zur Abschaffung der Atomwaffen gefunden werden. Davon war Josei Toda überzeugt.

Die heutigen »Festspiele der Jugend« finden unter einem klaren, sonnigen Himmel statt, vom gestrigen Sturm ist nichts mehr zu spüren, so als hätte der Himmel selbst auf Ihre Begeisterung geantwortet. Mit großer Freude habe ich beobachtet, wie die Sportler bei jedem Wettkampf den Geist der Soka Gakkai an den Tag gelegt haben und die Zuschauer ihren Leistungen begeistert Beifall spendeten. Doch trotz aller Freude über diesen Tag dürfen wir nicht vergessen, dass die Soka Gakkai unweigerlich wieder mit Verfolgung konfrontiert wird. Ich bin jedenfalls auf alle gegen mich persönlich gerichteten Angriffe vorbereitet. Und nun möchte ich Ihnen etwas ans Herz legen, das Sie hoffentlich als wichtigste meiner Anweisungen für die Zukunft betrachten werden.

Ich habe schon immer gesagt, dass die Verantwortung für die Zukunft auf den Schultern der Jugend liegt. Ich muss Sie sicher nicht daran erinnern, dass »kosen-rufu« [die Verbreitung des Respekts vor dem Leben] unsere Mission ist. Sie muss uns unbedingt gelingen. Heute jedoch möchte ich Ihnen deutlich meine Gedanken und Gefühle hinsichtlich der Atomwaffentests zum Ausdruck bringen, ein Thema, das gegenwärtig in der Gesellschaft heiß diskutiert wird. Ich hoffe, dass Sie als meine Schüler die Erklärung, die ich heute abgebe, verinnerlichen und ihren Inhalt nach besten Kräften in alle Welt tragen.

Überall auf der Welt sind bereits Bewegungen entstanden, die ein Verbot von Atomwaffentests fordern. Aber ich möchte noch weiter gehen und das Problem an der Wurzel packen. Ich will das Bestialische solcher Waffen aufdecken und ausmerzen. Alle, die erwägen, Atomwaffen einzusetzen, sollten ausnahmslos zum Tode verurteilt werden – und zwar ohne Rücksicht auf ihre Nationalität oder die Frage, ob ihr Land gesiegt hat oder besiegt wurde.

Warum ich dies sage? Wir, die Bürgerinnen und Bürger dieser Welt, haben ein unantastbares Recht auf Leben. Jeder, der dieses Recht gefährdet, ist der personifizierte Teufel, ein Dämon, ein Monster. Ich plädiere dafür, dass die Menschheit in jedem Fall die Todesstrafe gegen jeden verhängt, der für den Einsatz von Nuklearwaffen verantwortlich ist, selbst wenn sich diese Person auf der Seite der Sieger befindet.

Einem Land, dem es gelingen sollte, durch den Einsatz von Kernwaffen die ganze Welt zu erobern, muss als Teufel, als das manifestierte Böse betrachtet werden. Ich glaube, dass es die Aufgabe eines jeden Mitglieds der Jugendabteilung der Soka Gakkai ist, diese Botschaft in die Welt zu tragen.

Zum Schluss möchte ich meiner Erwartung Ausdruck verleihen, dass Sie meinen wichtigsten Appell im selben Geiste in die ganze Welt hinaustragen, den Sie bei den heutigen Sportfestspielen an den Tag gelegt haben.

Anhang 2
Das Russell-Einstein-Manifest

Die im Folgenden abgedruckte Erklärung wurde am 9. Juli 1955 in London zum ersten Mal öffentlich bekannt gegeben. Zu den elf herausragenden Wissenschaftlern aus verschiedenen Ländern, die dieses Manifest unterzeichneten, gehörten auch der britische Philosoph Lord Bertrand Russell, der Physiker und Nobelpreisträger Albert Einstein und Dr. (später Professor) Joseph Rotblat. Ziel der Erklärung war die Abschaffung aller Atomwaffen und, darüber hinaus, die Abschaffung von Krieg an sich als Mittel zur Lösung von Konflikten, die sich aus wie auch immer gearteten ideologischen Differenzen, Rassenunterschieden oder anderen, die Welt erschütternden Problemen ergeben könnten. Das Manifest mahnte die Menschheit eindringlich, nach friedlichen Mitteln zur Konfliktlösung zu suchen. Nur drei Monate vor der Veröffentlichung der Erklärung verstarb Professor Einstein. Daher wird das Russell-Einstein-Manifest auch als Einsteins letzter Wille und sein Vermächtnis an die Menschheit betrachtet. Als praktische Umsetzung der in dieser Erklärung enthaltenen Botschaft fand im Jahre 1957 die erste Pugwash-Konferenz statt.

Angesichts der tragischen Situation, der die Menschheit gegenwärtig gegenübersteht, meinen wir, dass sich die Wissenschaftler zur Aussprache zusammenfinden sollten, um die Gefahren, welche aufgrund der Entwicklung der

Massenvernichtungsmittel entstanden sind, abzuschätzen, und um über eine Resolution im Sinne des am Ende stehenden Entwurfs zu diskutieren.

Wir sprechen hier nicht als Angehörige dieser oder jener Nation, dieses oder jenes Erdteils oder dieses oder jenes Glaubensbekenntnisses, sondern als menschliche Wesen, als Angehörige der Spezies Mensch, deren weitere Existenz zweifelhaft geworden ist. Die Welt ist voller Streitigkeiten und der titanische Kampf zwischen Kommunismus und Antikommunismus überschattet alle kleineren Konflikte.

Fast jedermann mit politischem Bewusstsein hegt feste Ansichten über eine oder mehrere dieser Streitfragen. Aber wir bitten inständig darum, derartige Meinungen zurückzustellen und sich lediglich als Mitglied einer biologischen Art zu betrachten, die eine beachtliche Geschichte hinter sich hat und deren Untergang keiner von uns wünschen kann.

Wir wollen versuchen, nicht ein einziges Wort auszusprechen, das bei einer Partei mehr Anklang finden würde als bei einer anderen. Alle schweben in gleichem Maße in Gefahr; und wenn erst die Gefahr erkannt worden ist, besteht die Hoffnung, dass man sie gemeinsam abwenden kann.

Wir müssen lernen, auf neue Art zu denken. Wir sollten nicht mehr danach fragen, welche Mittel und Wege dem militärischen Sieg der von uns bevorzugten Partei offenstehen. Solche Möglichkeiten gibt es nämlich gar nicht mehr. Vielmehr stehen wir vor der Frage, auf welche Weise eine militärische Auseinandersetzung, deren Folgen für alle Beteiligten unheilvoll sind, verhindert werden kann. Die breite Öffentlichkeit und sogar viele Männer in führenden Positionen haben sich noch nicht vergegenwärtigt, was ein Krieg mit Atombomben bedeuten würde. Die All-

gemeinheit denkt hierbei immer noch an die Ausradierung von Städten. Man hat begriffen, dass die neuen Bomben noch stärker sind als die alten und dass, während eine Atombombe seinerzeit Hiroshima vernichten konnte, nunmehr eine H-Bombe die größten Städte wie London, New York und Moskau dem Erdboden gleichmachen könnte.
Zweifellos würden in einem H-Bombenkrieg die großen Städte völlig zerstört. Doch das wäre nur eine der kleineren Katastrophen, die uns bevorstehen würden. Wenn in London, New York und Moskau alle Menschen umgebracht würden, dann könnte sich die Welt im Laufe von ein paar Jahrhunderten von diesem Schlag erholen. Aber heute wissen wir, vor allem seit dem Bikini-Versuch [US-Atomwaffentests auf dem zu den Marshallinseln gehörenden Bikini-Atoll, A. d. Ü.], dass sich die zerstörerischen Auswirkungen von Atomexplosionen allmählich über ein viel größeres Gebiet ausbreiten können, als bisher vermutet worden war.
Aus zuverlässiger Quelle wird berichtet, dass man zur Zeit eine Bombe herstellen kann, die 2500-mal so wirksam ist wie jene, welche Hiroshima zerstört hat. Wird eine solche Bombe in Bodennähe oder unter Wasser zur Explosion gebracht, jagt sie radioaktive Teilchen in die obere Atmosphäre. Diese Teilchen sinken allmählich wieder herab und erreichen die Erdoberfläche in Gestalt tödlichen Staubs oder Regens. Mit derartigem Staub wurden seinerzeit die japanischen Fischer und ihr Fang infiziert. Kein Mensch weiß, wie weit solche tödlichen radioaktiven Teilchen ausgestreut werden können, aber die kundigsten Fachleute erklären einmütig, dass es sehr gut möglich wäre, dass ein Krieg mit H-Bomben der menschlichen Spezies ein Ende setzt. Es ist zu befürchten, dass

beim Einsatz vieler H-Bomben ein allgemeines Sterben anhebt – plötzlich und schnell nur für die Minderzahl, für die Mehrheit hingegen als qualvolles Leiden und langsames Dahinsiechen.

Bekannte Wissenschaftler und hochrangige Militärexperten haben wiederholt gewarnt. Keiner von ihnen behauptet, dass die schlimmsten Auswirkungen gewiss sind. Aber sie sagen, dass solche Folgen möglich sind und dass niemand sicher sein könne, dass sie nicht eintreten werden. Wir haben bis jetzt nicht feststellen können, dass die diesbezüglichen Ansichten der Fachleute in irgendeiner Weise von ihrer politischen Einstellung oder von anderen Vorurteilen abhängen. Vielmehr haben unsere Nachforschungen ergeben, dass sie allein von der Sachkenntnis des einzelnen Experten abhängig sind und dass diejenigen, die am meisten wissen, die ärgsten Befürchtungen hegen.

Hier ist also die Frage, mit der wir euch konfrontieren – schonungslos, furchtbar und unausweichlich: Werden wir dem Menschengeschlecht den Untergang bereiten oder wird die Menschheit auf Krieg verzichten? Man mag sich der Frage nicht stellen, weil den Krieg abzuschaffen so schwierig ist.

Die Abschaffung des Krieges wird unangenehme Einschränkungen der nationalen Souveränität verlangen. Was aber vielleicht mehr als alles andere ein Verständnis der Situation verhindert, ist, dass das Wort »Menschheit« sich so unbestimmt und abstrakt anhört. Die Menschen stellen sich kaum vor, dass die Gefahr ihnen selbst, ihren Kindern und Enkelkindern und nicht bloß einer vage wahrgenommenen Menschheit droht. Sie können es kaum begreifen, dass sie, jeder Einzelne und all jene, die sie lieben, in der ungeheuren Gefahr schweben, auf qualvolle Weise umzukommen. Und so wiegen sie sich in der Hoffnung, dass es vielleicht doch zulässig sei, mit Kriegen fortzufahren, wenn die modernen Waffen verboten werden würden.

Diese Hoffnung aber ist eine Illusion. Welche Abmachungen über den Verzicht auf den Einsatz der H-Bombe in Friedenszeiten auch getroffen würden, man würde sie in Kriegszeiten doch nicht als bindend ansehen. Auf beiden Seiten würde die Herstellung der H-Bombe wieder aufgenommen werden, sobald der Krieg ausgebrochen ist. Denn wenn die Bombe von der einen Seite hergestellt wird und von der Gegenseite nicht, dann wäre der Gegner mit den Bomben unvermeidlich der Sieger.

Obgleich also ein Abkommen über den Verzicht auf Atomwaffen als Teil einer allgemeinen Abrüstung keine endgültige Lösung darstellen würde, so würde es dennoch gewissen wichtigen Zwecken dienen. Erstens hat jedes Abkommen zwischen Ost und West insoweit etwas Gutes an sich, als es zur Entspannung beiträgt. Zweitens würde die Abschaffung der thermonuklearen Waffen, sofern jeder von der ehrlichen Durchführung auf der anderen Seite überzeugt sein kann, die Furcht vor einem plötzlichen Angriff im Stile von Pearl Harbor, welche gegenwärtig beide Seiten in einem Zustand nervöser Sorge hält, verringern. Wir würden daher ein solches Übereinkommen begrüßen, wenn auch nur als ersten Schritt.

Die meisten von uns denken nicht unparteiisch, aber als Menschen müssen wir uns stets vor Augen halten: Wenn die Streitfragen zwischen Ost und West auf eine Weise entschieden werden sollen, welche jeden Partner weitgehend zufriedenstellen kann, sei er Kommunist oder Antikommunist, Asiate, Europäer oder Amerikaner, Weißer oder Schwarzer, dann dürfen diese Streitfragen nicht durch Krieg entschieden werden. Es wäre sehr zu wünschen, dass man dies sowohl im Osten als auch im Westen einsieht.

Vor uns liegt, sofern wir uns dafür entscheiden, eine beständige Ausweitung von Glück, Wissen und Weisheit. Sollen wir stattdessen den Tod wählen, bloß weil wir unsere Streitereien nicht vergessen können? Wir wenden uns als Menschen an unsere Mitmenschen: Erinnert euch eures Menschseins und vergesst alles andere! Wenn ihr das vermögt, dann öffnet sich der Weg zu einem neuen Paradies. Könnt ihr es nicht, dann droht euch allen der Tod.

Resolution:

Wir laden diesen Kongress und dadurch die Wissenschaftler der ganzen Welt und die breite Öffentlichkeit ein, die folgende Resolution zu unterzeichnen.

»Angesichts der Tatsache, dass in einem künftigen Weltkrieg Atomwaffen mit Sicherheit eingesetzt werden und dass derartige Waffen das Fortbestehen der Menschheit bedrohen, fordern wir die Regierungen der Welt auf, einzusehen und öffentlich anzuerkennen, dass ein Weltkrieg ihren Zielen nicht förderlich sein kann. Weiterhin fordern wir sie auf, nach friedlichen Lösungen zu suchen, um alle Streitsachen zwischen sich zu schlichten.«

Unterzeichnet von:

Max Born
Percy W. Bridgman
Albert Einstein
Leopold Infeld
Frédéric Joliot-Curie
Hermann J. Muller
Linus C. Pauling
Cecil F. Powell
Joseph Rotblat
Bertrand Russell
Hideki Yukawa

Anhang 3
Die Nobelpreisrede

Gehalten von Professor Joseph Rotblat

Das folgende Manuskript gibt die Dankesrede von Professor Joseph Rotblat anlässlich der Verleihung des Friedensnobelpreises in Oslo am 10.Dezember 1995 wieder. Eindringlich weist er in seinem Vortrag darauf hin, dass gerade die Aufrechterhaltung von Atomwaffenarsenalen zur gegenseitigen Abschreckung, ein Konzept, das seit Beginn des Kalten Krieges zwischen Ost und West von den Atommächten propagiert wurde, jener Faktor ist, der die Bedrohung für die gesamte Menschheit multipliziert. Die Nationen, die im Besitz solcher Waffenlager sind, müssten jetzt den entscheidenden Schritt tun und ihre Kernwaffen abschaffen, so Rotblat. Er appellierte an die Wissenschaftler der Welt, sich ihrer Rolle bewusst und ihrer Verantwortung gerecht zu werden. Um eine Welt ohne Krieg zu schaffen, um diese Pflicht, die die Menschheit gegenüber der menschlichen Spezies hat, zu erfüllen, sollten sich die Menschen in aller Welt die Hände reichen und diese Aufgabe gemeinsam angehen.

Bei diesem bedeutsamen Ereignis in meinem Leben – der Entgegennahme des Friedensnobelpreises – möchte ich als Wissenschaftler, aber auch als Mensch zu Ihnen sprechen. Schon in meiner Jugend übten die Naturwissenschaften eine große Faszination auf mich aus. Doch die Wissenschaft, diese Manifestation höchster Leistungsfähigkeit des menschlichen Intellekts, war in meinem Denken immer mit dem Wohlergehen der Menschen verknüpft. Ich sah sie im Einklang mit der Menschheit. Und ich hätte mir niemals träumen lassen, dass ich die zweite Hälfte meines Lebens damit zubringen würde, zu versuchen, eine tödliche Gefahr von der Menschheit abzuwenden, die erst durch die Wissenschaft entstanden war.

Die praktische Freisetzung der Atomenergie war das Ergebnis jahrelanger experimenteller und theoretischer Forschung. Und sie barg ein großes Potenzial für das Gemeinwohl. Aber das Erste, was die Öffentlichkeit über diese Entdeckung hörte, waren die Nachrichten über die Zerstörung Hiroshimas durch die Atombombe. Eine brillante Errungenschaft der wissenschaftlichen Forschung hatte sich in etwas Böses verwandelt. Die Naturwissenschaft wurde nun mit Tod und Verderben in Zusammenhang gebracht.

Es tut mir sehr weh, zugeben zu müssen, dass die Wissenschaft diese Beurteilung verdient hatte. Die Entscheidung, die Atombombe über japanischen Städten abzuwerfen und danach riesige Atomwaffenarsenale anzulegen, wurde von Regierungen auf der Grundlage politischer und militärischer Einschätzungen getroffen. Aber die Wissenschaftler auf beiden Seiten des Eisernen Vorhangs spielten eine überaus wichtige Rolle bei diesem nuklearen Wettrüsten während des vier Jahrzehnte dauernden Kalten Krieges. Lord Zuckermann, jahrelang wissenschaftlicher Chefberater der britischen Regierung[1], fand drastische Worte für die Rolle, welche die Wissenschaftler beim atomaren Wettrüsten spielten:

> Was die Atomwaffen betrifft... es ist zunächst einmal der Mann im Labor, der anregt, dass es aus diesem oder jenem unerfindlichen Grund nützlich sei, einen alten Atomsprengkopf zu verbessern oder einen neuen zu entwickeln. Er, der Techniker, nicht der Kommandeur im Feld, ist die treibende Kraft des Wettrüstens.

Lange bevor man die schreckliche Gefahr des Wettrüstens erkannte, existierten ein allgemeiner, instinktiver Abscheu vor Atomwaffen und der starke Wunsch, sie loszuwerden. Tatsächlich forderte die erste Resolution der Vollversammlung der Vereinten Nationen die Vernichtung sämtlicher Nuklearwaffen – und wurde einstimmig angenommen. Aber dann spaltete sich die Welt im erbitterten ideologischen Kampf zwischen Ost und West. Und so gab es keine Chance, diese Forderung zu erfüllen. Das Wichtigste war doch, das Wettrüsten zu stoppen, bevor eine ungeheure Katastrophe geschah. Nach dem Zusammenbruch des Kommunismus und der Auflösung der Sowjetunion gab es allerdings kein rationales Argument mehr für den Besitz von Atomwaffen. Der Versuch, sie vollständig zu beseitigen, konnte wieder aufgenommen werden. Doch die Atommächte halten bis heute hartnäckig an ihren Waffenarsenalen fest.
Ich möchte Sie daran erinnern, dass die atomare Abrüstung nicht nur ein dringender Wunsch der Menschen ist, der sich in vielen Resolutionen der Vereinten Nationen

widerspiegelt. Sie ist auch und vor allem eine juristische Verpflichtung der fünf offiziellen Atommächte, eine Verpflichtung, die diese durch die Unterzeichnung des Nichtverbreitungsvertrags [Atomwaffensperrvertrags] eingegangen sind. Erst vor ein paar Monaten, als die Verlängerung des Vertrags auf unbegrenzte Zeit beschlossen wurde, verpflichteten sich die Atommächte aufs Neue zur vollständigen atomaren Abrüstung. Das ist immer noch ihr erklärtes Ziel. Doch die Erklärungen stimmen nicht mit ihrer Politik überein, und diese Abweichung scheint in ihrem Interesse zu liegen.

Seit dem Ende des Kalten Krieges haben zwei große Atommächte begonnen, ihre Kernwaffenarsenale beträchtlich zu verringern. Jede von ihnen vernichtet etwa 2000 Atomsprengköpfe pro Jahr. Würde dieses Programm in diesem Tempo fortgesetzt, wären alle Atomsprengköpfe in etwa zehn Jahren beseitigt. Wir verfügen also über die technischen Mittel, innerhalb eines Jahrzehnts eine atomwaffenfreie Welt zu schaffen. Leider ist das im gegenwärtigen Abrüstungsprogramm nicht vorgesehen. Wenn das START-2-Abkommen umgesetzt ist – und vergessen wir nicht, dass es noch nicht ratifiziert wurde –, bleiben immer noch 15 000 atomare Sprengköpfe übrig. 15 000 Waffen, von denen jede eine durchschnittliche Sprengkraft von zwanzig Hiroshima-Bomben besitzt.

Solange kein grundsätzliches Umdenken stattfindet, werden wir noch sehr lange auf den kompletten Abbau der Atomwaffenarsenale warten müssen – wenn es überhaupt je dazu kommt. Und die gegenwärtige Philosophie ist die atomare Abschreckung. Das kam deutlich in der amerikanischen *Nuclear Posture Review* (NPR) – einem US-amerikanischen Regierungsdokument zur Nuklearstrategie – zum Ausdruck: »Die Situation nach dem Kalten

Krieg erfordert atomare Abschreckung«[2], und andere Atommächte bliesen ins gleiche Horn.
Atomwaffen werden als Bollwerk gegen irgendwelche unspezifischen Gefahren beibehalten.
Diese Politik ist nichts anderes als eine starre Fortsetzung der Ära des Kalten Krieges. Der Kalte Krieg ist vorbei, aber das Denken des Kalten Krieges hat überlebt. Damals wurde uns gesagt, die Existenz von Kernwaffen verhindere einen Weltkrieg. Heute sagt man uns, Atomwaffen würden alle Arten von Kriegen verhindern. Das sind Argumente, die vorgeben, etwas nicht Existierendes zu beweisen. Es erinnert mich an eine Geschichte, die in meiner Kindheit kursierte, als gerade die Telegrafie eingeführt wurde.
Zwei weise Männer disputierten über die Errungenschaften der uralten Kulturen ihrer jeweiligen Länder. Der eine sagte: »Mein Land kann auf eine lange Geschichte der technischen Errungenschaften zurückblicken: Wir haben umfangreiche Ausgrabungen durchgeführt und einen Draht gefunden, der beweist, dass wir schon damals über den Telegrafen verfügten.« Der andere entgegnete: »Wir haben ebenfalls Ausgrabungen durchgeführt. Aber wir haben viel tiefer gegraben als ihr und fanden … nichts. Und das beweist, dass wir damals schon über die Technologie der drahtlosen Kommunikation verfügten!«
Es gibt keinen direkten Beweis, dass Kernwaffen einen Krieg verhindert haben. Andererseits haben sie aber beinahe einen verursacht. Den schrecklichsten Moment meines Lebens erlebte ich im Oktober 1962 während der Kuba-Krise. Ich kannte zwar nicht alle Fakten – erst kürzlich haben wir ja erfahren, wie nah wir damals einem Krieg waren –, aber ich wusste genug, um zu zittern. Um

ein Haar wäre das Leben von Millionen von Menschen plötzlich ausgelöscht worden, Millionen andere hätten vor ihrem Tod ein qualvolles Siechtum durchlitten und ein Großteil unserer Zivilisation wäre zerstört worden. Alles hing von der Entscheidung eines einzigen Mannes ab: Nikita Chruschtschow. Würde er dem US-Ultimatum nachgeben oder nicht?[3] Das ist die Realität der Atomwaffen: Sie können einen Weltkrieg auslösen – einen Krieg, der anders als alle bisherigen Kriege unsere ganze Zivilisation auslöscht.

Wie viele Kriege sind denn noch nötig, um das Argument, Atomwaffen verhinderten Kriege, zu widerlegen? In den vielen Kriegen seit 1945 haben Millionen von Menschen ihr Leben gelassen. Und an einigen waren Atommächte direkt beteiligt. In zwei Kriegen wurden sie sogar besiegt. Der Besitz von Atomwaffen hat ihnen also überhaupt nichts genützt. Zusammenfassend kann man sagen, dass es keinerlei Beweise dafür gibt, dass eine Welt ohne Atomwaffen eine gefährliche Welt wäre. Wir hätten, im Gegenteil, eine sicherere Welt, wie ich später noch ausführen werde.

Man sagt uns, dass der Besitz von Nuklearwaffen – und in manchen Fällen sogar ihre Testung – wichtig für die nationale Sicherheit sei. Doch dieses Argument könnte auch von anderen Ländern vorgebracht werden. Wenn die militärisch mächtigsten – und somit am wenigsten bedrohten – Staaten Atomwaffen für ihre Sicherheit brauchen, wie kann man diese Sicherheit dann anderen Ländern verweigern, die tatsächlich bedroht sind? Die gegenwärtige Atompolitik ist ein Rezept für die Weiterverbreitung von Atomwaffen. Es ist eine Politik, die in die Katastrophe führt.

Um diese Katastrophe – der Menschheit zuliebe – zu verhindern, müssen wir alle Atomwaffen beseitigen.

Es wird Zeit kosten, dieses Ziel zu erreichen, aber es wird nie geschehen, wenn wir nicht den ersten Schritt tun. Und einige wichtige Schritte können jetzt gemacht werden. Mehrere Studien und eine ganze Reihe öffentlicher Erklärungen von militärischen und politischen Führern weisen darauf hin, dass – abgesehen von den diesbezüglichen Auseinandersetzungen zwischen den gegenwärtigen Atommächten – alle militärischen Konflikte und Bedrohungen des Friedens mit konventionellen Waffen angegangen werden können. Das bedeutet, dass die einzige Funktion der Atomwaffen – solange es sie gibt – in der Abschreckung vor einem atomaren Angriff besteht. Alle Atommächte sollten jetzt einsehen, dass das so ist, und – in Vertragsform – erklären, dass sie niemals als Erste Atomwaffen einsetzen werden. Das würde den Weg zum allmählichen Abbau der Atomwaffenarsenale auf beiden Seiten ebnen – bis hin zur völligen Abschaffung. Und es würde die Tür zu einem Atomwaffenabkommen öffnen – einem globalen Abkommen, das jeglichen Besitz von Atomwaffen verbieten würde.
Wir werden das notwendige Kontrollsystem, das die Einhaltung des Abkommens sicherstellt, noch entwickeln müssen. Eine Pugwash-Studie hat Vorschläge zu diesem Thema erarbeitet.[4] Die Rahmenbedingungen zum Aushandeln eines solchen Abkommens existieren bereits. Und der Eintritt in derartige Verhandlungen beinhaltet noch keine Verpflichtung für die Verhandlungspartner. Es gibt also keinen Grund, nicht jetzt damit zu beginnen. Wenn nicht jetzt, wann dann?
Ich fordere also die Atommächte auf, die überholte Denkweise des Kalten Krieges hinter sich zu lassen und die Dinge mit neuen Augen zu betrachten. Vor allem aber appelliere ich an sie, sich klarzumachen, was für eine Lang-

zeitbedrohung Nuklearwaffen für die Menschheit darstellen, und den Prozess ihrer vollständigen Abschaffung einzuleiten. Erinnert euch an eure Verantwortung gegenüber der Menschheit.

Meinen zweiten Appell richte ich an meine Kollegen aus der Wissenschaft. Ich beschrieb bereits die schändliche Rolle, die einige wenige Wissenschaftler, als »Dr. Strangeloves«[5] karikiert, bei der Aufrechterhaltung des Wettrüstens spielten. Sie haben dem Ansehen der Wissenschaft großen Schaden zugefügt.

Auf der anderen Seite gibt es Wissenschaftler – bei Pugwash und anderen Organisationen –, die einen großen Teil ihrer Zeit und Energie darauf verwenden, die durch wissenschaftliche Fortschritte entstandenen Gefahren von der Menschheit abzuwenden. Doch sie sind eine Minderheit innerhalb der wissenschaftlichen Gemeinde. Ich möchte mich an die gesamte wissenschaftliche Zunft wenden.

Sie leisten mit Ihrer Arbeit einen wichtigen Beitrag, indem Sie die Grenzen des Wissens ausdehnen, doch Sie tun das oft, ohne darüber nachzudenken, welche Auswirkungen Ihre Arbeit auf die Gesellschaft hat. Auch heute noch wird nach Maximen wie »Wissenschaft ist wertfrei« oder »Wissenschaft hat nichts mit Politik zu tun« gehandelt. Diese sind aber Überbleibsel einer Elfenbeinturmmentalität, obwohl der Elfenbeinturm letztendlich durch die Hiroshima-Bombe zerstört wurde.

Wie würden Sie beispielsweise die folgende Frage beantworten: ›Sollte ein Wissenschaftler an der Entwicklung von Massenvernichtungswaffen mitarbeiten?‹ Hans Bethe beantwortete sie kürzlich mit einem klaren »Nein«. Professor Bethe, ein Nobelpreisträger, ist der älteste der noch lebenden Mitarbeiter des Manhattan-Projekts.[6] Anlässlich des 50. Jahrestags des Bombenabwurfs auf Hiroshima gab er eine Erklärung ab, die ich hier in voller Länge zitieren möchte:

> Als Direktor der theoretischen Forschungsabteilung von Los Alamos war ich während des Zweiten Weltkrieges auf höchster Führungsebene am Manhattan-Projekt beteiligt, im Rahmen dessen die ersten Atomwaffen entwickelt wurden.
> Heute, im Alter von 88 Jahren, bin ich einer der wenigen Überlebenden, die damals eine leitende Funktion innehatten. Wenn ich auf das halbe Jahrhundert zurückblicke, das seither vergangen ist, empfinde ich große Erleichterung darüber, dass diese Waffen seit dem Zweiten Weltkrieg nicht mehr eingesetzt wurden. Diese Erleichterung vermischt sich allerdings mit dem Entsetzen über die Tatsache, dass seither Zehntausende solcher Waffen produziert wurden – hundert Mal mehr, als wir uns in Los Alamos jemals hätten vorstellen können.
> Heute befinden wir uns mit Recht in einer Phase der atomaren Abrüstung und des Abbaus atomarer Sprengköpfe. Aber in einigen Ländern wird weiterhin an der Entwicklung von Kernwaffen gearbeitet. Ob und wann die verschiedenen Nationen der Welt sich darüber verständigen können, dies zu stoppen, ist ungewiss. Aber der einzelne Wissenschaftler kann diesen Prozess trotzdem beeinflussen, indem er sich weigert, seine diesbezüglichen Kenntnisse zur Verfügung zu stellen.
> Deshalb appelliere ich an alle Wissenschaftler aller Länder, sämtliche Arbeiten einzustellen oder davon Abstand zu nehmen, die der Entwicklung, Verbesserung oder Produktion weiterer Atomwaffen dienen – und dementsprechend auch anderer potenzieller Massenvernichtungswaffen wie Chemiewaffen und biologische Waffen.

Würden sich alle Wissenschaftler an diesen Appell halten, gäbe es keine Atomsprengköpfe mehr und keine französischen Wissenschaftler auf Mururoa[7]; keine neuen chemischen und biologischen Kampfstoffe. Das Wettrüsten wäre tatsächlich vorbei.

Aber es gibt noch andere wissenschaftliche Forschungszweige, die der Gesellschaft direkt oder indirekt Schaden zufügen können. Deshalb ist ständige Wachsamkeit oberstes Gebot. Die Absichten hinter manchen industriellen oder im Regierungsauftrag durchgeführten Forschungsprojekten werden manchmal verschleiert und die Öffentlichkeit mit Fehlinformationen in die Irre geführt. Es sollte die Pflicht eines jeden Wissenschaftlers sein, solche Machenschaften aufzudecken. »Whistle-Blowing« [»Verpfeifen«] sollte Teil des wissenschaftlichen Ethos werden. Das könnte Repressalien zur Folge haben, doch das ist der Preis, den man für seine Überzeugungen zu zahlen hat. Der Preis kann sehr hoch sein, wie im Falle des unverhältnismäßig schwer bestraften Mordechai Vanunu[8]. Ich denke, er hat genug gelitten.

Es ist an der Zeit, dass wir allgemeine Richtlinien für das ethische Verhalten von Wissenschaftlern aufstellen – vielleicht in Form eines freiwilligen Hippokratischen Eids. Das wäre besonders wertvoll für junge Wissenschaftler, die am Anfang ihrer wissenschaftlichen Karriere stehen. Die amerikanische Pugwash-Studentengruppe hat diese Idee aufgegriffen – und das ist sehr ermutigend.

In einer Zeit, da die Wissenschaft eine so bedeutsame Rolle für das Wohl und Wehe der Gesellschaft spielt, da möglicherweise das Schicksal der ganzen Menschheit von den Ergebnissen der wissenschaftlichen Forschung abhängt, ist es die Pflicht eines jeden Wissenschaftlers, sich dieser Rolle voll bewusst zu sein und sich entsprechend zu verhalten. Ich appelliere an meine Kollegen, sich an ihre Verantwortung gegenüber der Menschheit zu erinnern.

Mein dritter Appell richtet sich an meine Mitbürger in allen Ländern der Erde: Helfen Sie uns, einen dauerhaften Frieden in der Welt zu realisieren.

Ich muss Sie mit einer schrecklichen Realität konfrontieren: Mit der Entwicklung der Atomwaffen hat der Mensch zum ersten Mal in der Geschichte die technischen Möglichkeiten, die gesamte Zivilisation auf einen Schlag zu vernichten. Ja, die menschliche Spezies ist bedroht – durch Kernwaffen oder andere Massenvernichtungsmittel, die durch weitere Fortschritte in den Naturwissenschaften wahrscheinlich entwickelt werden.

Ich bin dafür eingetreten, dass wir alle Atomwaffen abschaffen. Das würde aber nur die unmittelbare Bedrohung beseitigen, dauerhafte Sicherheit wäre dadurch nicht zu erreichen. Die Erfindung der Kernwaffen kann nicht rückgängig gemacht, das Wissen um ihre Herstellung nicht »gelöscht« werden. Selbst in einer atomwaffenfreien Welt würden die Großmächte, sollten sie in eine militärische Auseinandersetzung verwickelt werden, in Versuchung geraten, neue Atomwaffenarsenale anzulegen. Diese Situation wäre der gegenwärtigen dennoch vorzuziehen, weil der Wiederaufbau der Waffenarsenale beträchtliche Zeit in Anspruch nehmen würde – und in dieser Zeit könnte der Konflikt vielleicht beigelegt werden. Eine atomwaffenfreie Welt wäre auf jeden Fall sicherer als die gegenwärtige.

Doch die einzige Möglichkeit, die Gefahr der absoluten Katastrophe zu bannen, ist die Abschaffung von Krieg an sich. Krieg darf nicht länger ein gesellschaftlich akzeptiertes Mittel der Konfliktlösung sein. Wir müssen lernen, unsere Konflikte auf anderem Wege als durch militärische Konfrontation beizulegen.

Diese Notwendigkeit wurde bereits vor 40 Jahren erkannt, als wir im Russell-Einstein-Manifest niederschrieben:

> Hier ist also die Frage, mit der wir euch konfrontieren – schonungslos, furchtbar und unausweichlich: Werden wir dem Menschengeschlecht den Untergang bereiten oder wird die Menschheit auf Krieg verzichten?

Die Abschaffung des Krieges ist ebenfalls eine Verpflichtung der Atommächte: Artikel 6 des NVV (Nichtverbreitungsvertrags) verlangt einen Vertrag über die generelle und vollständige Abrüstung unter strikter und effektiver internationaler Kontrolle.

Jeder internationale Vertrag bringt eine gewisse Einschränkung der nationalen Souveränität mit sich, und das ist im Allgemeinen unpopulär. Wie wir im Russell-Einstein-Manifest sagten: »Die Abschaffung des Krieges wird unangenehme Einschränkungen der nationalen Souveränität mit sich bringen.« Für welche Art der Regierung man sich letztendlich auch entscheidet, wichtig ist, dass sie die Menschen im Blick hat. Wir müssen die Botschaft vermitteln, dass die Rettung unseres gemeinsamen Besitzes – der Menschheit – ein neues Loyalitätsbewusstsein bei jedem von uns voraussetzt: die Loyalität zur ganzen Menschheit. Sie setzt voraus, dass wir ein Zugehörigkeitsgefühl zur Menschenfamilie entwickeln. Wir müssen zu Weltbürgern werden.

Trotz der seit dem Ende des Zweiten Weltkrieges zunehmenden Abspaltungen und der vielen Kriege, die um nationale oder ethnische Anerkennung geführt wurden, glaube ich, dass die Aussichten auf die Akzeptanz dieses neuen Loyalitätsbewusstseins heute besser sind als zur

Zeit des Russell-Einstein-Manifestes. Das ist zum großen Teil auf die enormen wissenschaftlichen und technischen Errungenschaften dieser vergangenen 40 Jahre zurückzuführen. Die fantastischen Fortschritte in der Kommunikationstechnologie und im Transportwesen haben unseren Globus schrumpfen lassen. Alle Nationen dieser Erde sind zu direkten Nachbarn geworden. Moderne Informationstechnologien machen es möglich, sich unmittelbar über jedes Ereignis in jedem Teil der Erde zu informieren. Wir können über die verschiedenen Netzwerke miteinander kommunizieren. Diese Technologie wird sich im Lauf der Zeit noch enorm weiterentwickeln, denn die bisherigen Errungenschaften auf diesem Gebiet haben gerade einmal an der Oberfläche gekratzt. Die moderne Kommunikationstechnologie führt uns zusammen. Auf gewisse Weise werden wir zu einer einzigen großen Familie. Wenn ich für eine neue Loyalität zur gesamten Menschheit plädiere, will ich damit nicht sagen, dass wir die Loyalität zu unserem Land aufgeben sollen. Jeder von uns empfindet Loyalität zu verschiedenen Gruppen – von der kleinsten, der Familie, bis hin zur gegenwärtig größten – der Nation. Viele dieser Gruppen bieten ihren Mitgliedern Schutz. Aufgrund der durch Wissenschaft und Technik entstandenen globalen Gefahren braucht nun allerdings die gesamte Menschheit Schutz. Wir müssen unsere Loyalität auf die ganze menschliche Spezies ausdehnen.

Das, wofür wir mit der Pugwash-Organisation eintreten – eine Welt ohne Krieg –, mögen viele als utopischen Traum betrachten. Es ist keine Utopie. Bereits heute gibt es auf der Welt ausgedehnte Regionen, so beispielsweise die Europäische Union, innerhalb derer ein Krieg unvorstellbar ist. Wir müssen diese Regionen so weit ausdehnen, dass sie auch die großen Weltmächte umfassen. Wir haben ohnehin keine Wahl, denn die Alternative ist unannehmbar. Lassen Sie mich noch einmal die letzte Passage des Russell-Einstein-Manifestes zitieren:

> Wir wenden uns als Menschen an unsere Mitmenschen: Erinnert euch an euer Menschsein und vergesst alles andere! Wenn ihr das vermögt, öffnet sich die Tür zu einem neuen Paradies. Könnt ihr es nicht, droht euch allen der Tod.

Dass wir eine Welt ohne Krieg anstreben, dient einem einfachen Zweck: dem Überleben. Aber wir können in diesem Prozess lernen, dieses Ziel durch Liebe anstatt durch Angst zu erreichen, durch Freundlichkeit anstatt durch Zwang. Wenn wir dabei lernen, das Wesentliche mit dem Angenehmen zu verbinden, das Zweckdienliche mit dem Wohltätigen, das Praktische mit dem Schönen, wird das ein zusätzlicher Ansporn sein, sich an diese große Aufgabe heranzuwagen.

Erinnert euch vor allem anderen an euer Menschsein.

Glossar

Abkommen über das Verbot von Antipersonenminen, trat im Jahre 1999 in Kraft und soll die generelle Abschaffung von Antipersonenminen garantieren.

Abschreckungstheorie, eine nach dem Zweiten Weltkrieg entwickelte Verteidigungsstrategie, die während des gesamten Kalten Krieges angewandt wurde: Nationen produzieren und lagern Atomwaffen, damit andere Nationen sie aus Furcht vor einem Vergeltungsschlag nicht angreifen.

Afghanistan-Konflikt, die Sowjetarmee marschierte im Jahre 1979 in Afghanistan ein, um die kommunistische Regierung Afghanistans zu stützen, und zog ihre Truppen im Jahre 1989 wieder ab.

Alexander der Große (356–323 v. Chr.), König von Mazedonien; eroberte Syrien, Ägypten und Persien; schuf die Grundlage der hellenistischen Kultur.

Amnesty Inernational, eine Nichtregierungsorganisation, die sich weltweit für Menschenrechte im Sinne der Allgemeinen Erklärung der Menschenrechte einsetzt.

Annan, Kofi (*1938 in Ghana). Der siebte Generalsekretär der Vereinten Nationen; wurde im Jahre 2001 mit dem Friedensnobelpreis ausgezeichnet.

Apartheid, Afrikaans für »Getrenntheit«; ein System der Rassentrennung in Südafrika (1948–1991).

Atombomben, Hiroshima wurde am 6. August 1945 zum ersten zivilen Ziel der Atombombe; drei Tage später war die Zivilbevölkerung Nagasakis das zweite Ziel. Durch die beiden Atombomben starben etwa 250 000 Menschen.

Aufruf zum Verbot von Atom- und Wasserstoffbomben, Ansprache von Josei Toda, dem zweiten Präsidenten der Soka Gakkai, bei den Jugendfestspielen der Eastern Youth Division im Mitsuzawa-Stadion, Yokohama, am 8. September 1957. Siehe Anhang 1.

Augustinus (354–430), römischer Theologe und Philosoph, Bischof der frühen christlichen Kirche; wurde als heiliger Augustinus von Hippo heiliggesprochen.

Auschwitz, eine Stadt im südlichen Polen; in der Nähe befand sich während des Zweiten Weltkrieges ein Konzentrationslager der deutschen Nationalsozialisten.

Berliner Mauer, von den ostdeutschen Behörden im Jahre 1961 errichtete Sperranlagen, um West- und Ostberlin voneinander zu trennen; ein Symbol des Kalten Krieges; wurde im Jahre 1989 abgerissen.

Bhagavad Gita, religiöses indisches Lehrgedicht, eine der wichtigsten heiligen Schriften der Vishnu-Schule des Hinduismus.

Bohr, Niels Henrik David (1885–1962), dänischer Physiker; leistete einen wichtigen Beitrag zum Verständnis der Struktur des Atoms und befürwortete die friedliche Nutzung der Atomenergie.

Boulding, Elise (*1929), norwegisch-amerikanische Friedensaktivistin, Ehefrau von Kenneth Boulding, Autor des Buches *Culture of Peace*.

Chadwick, James (1891–1974), erhielt 1935 den Nobelpreis für Physik für seine Entdeckung des Neutrons; war während des Zweiten Weltkrieges am Manhattan-Projekt beteiligt.

Chemiewaffenkonvention (CWC), trat 1997 in Kraft, verbietet die Entwicklung, Herstellung, den Erwerb, die Lagerung, die Weitergabe sowie den Einsatz von chemischen Kampfmitteln; wurde bis heute von 167 Ländern unterzeichnet.

Chruschtschow, Nikita (1894–1971), sowjetischer Ministerpräsident, leitete die »Entstalinisierung« ein und bemühte sich um eine friedliche Koexistenz mit kapitalistischen Ländern.

Churchill, Winston Leonard Spencer (1874–1965), englischer Premierminister während des Zweiten Weltkrieges; wurde 1953 mit dem Literaturnobelpreis ausgezeichnet.

Comprehensive Nuclear Test Ban Treaty (CTBT), umfassender Atomwaffenteststoppvertrag des Jahres 1996; verbietet jegliche Detonation von atomaren Sprengköpfen in allen Regionen sowohl für militärische als auch zivile Zwecke; wurde bis heute von 176 Ländern unterzeichnet.

Cousins, Norman (1915–1990), amerikanischer Essayist und Redakteur der *Saturday Review.*

Curie, Marie (1867–1934), aus Polen stammende Chemikerin und Pionierin auf dem Gebiet der Radioaktivität.

Daigo Fukuryu Maru, japanisches Fischerboot, das bei dem Castle-Bravo-Atomtest der USA auf dem Bikini-Atoll im Jahre 1954 nuklearem Fallout ausgesetzt war; ein Besatzungsmitglied starb, 23 wurden verletzt.

Dreierpakt, auch Dreimächtepakt genannt; 1940 in Berlin von Vertretern Nazideutschlands, des faschistischen Italiens und Japans unterzeichnet. Bündnis gegen die Alliierten England, Frankreich und USA während des Zweiten Weltkrieges.

Dresden, Hauptstadt des deutschen Freistaates Sachsen; wurde bekannt durch die umstrittene Bombardierung durch die Alliierten im Zweiten Weltkrieg.

Eaton, Cyrus Stephen (1883–1979), kanadischer Industrieller und Politiker; wurde in Pugwash, Nova Scotia geboren; gründete mehrere Stahl-, Kohle- und Eisenbahnunternehmen.
Einstein, Albert (1879–1955), deutsch-amerikanischer Physiker mit schweizerischer Staatsbürgerschaft, ehemaliger Patentbeamter; theoretischer Physiker; stellte 1905 die spezielle, 1915 die allgemeine Relativitätstheorie auf; Befürworter der nuklearen Abrüstung; erhielt 1921 den Nobelpreis für Physik.
Eisenhower, Dwight David (1890–1969), amerikanischer Offizier und Politiker; Oberbefehlshaber der Alliierten Streitkräfte in Europa während des Zweiten Weltkrieges; 34. Präsident der USA (1953–1961).
Erasmus, Desiderius (Erasmus von Rotterdam) (1466–1536), niederländischer Humanist und Theologe; verbreitete die Kultur der Renaissance in Nordeuropa.
Fermi, Enrico (1901–1954), amerikanischer Physiker italienischer Abstammung; wurde 1938 mit dem Nobelpreis für Physik ausgezeichnet; Experte auf dem Gebiet der Neutronenforschung; verantwortlich für die erste kontrollierte nukleare Kettenreaktion im Jahre 1942.
Frisch, Otto Robert (1904–1979), österreichisch-britischer Physiker; erforschte die Fission des Urankerns.
Gandhi, Mohandas Karamchand, »Mahatma Gandhi« (1869–1948), indischer Politiker und Reformer, kämpfte als Führer der Unabhängigkeitsbewegung gegen die britische Herrschaft; geachtet für seine Doktrin des gewaltlosen Widerstands.
Global Compact, zehn Grundprinzipien für Menschenrechte, Arbeit etc., die UN-Generalsekretär Kofi Annan beim Weltwirtschaftsgipfel von 1999 den Wirtschaftsführern aus aller Welt vorlegte.

Gorbatschow, Michail Sergejewitsch (*1931), Politiker, letzter Präsident der UdSSR. Seine politischen Reformen führten zum Ende des Kalten Krieges und zur Auflösung der UdSSR; wurde 1990 mit dem Friedensnobelpreis ausgezeichnet.

Greenpeace, eine politisch und finanziell unabhängige Organisation, die gegen die Umweltzerstörung kämpft.

Groves, Leslie Richard (1896–1970), US-Offizier, technischer und administrativer Leiter des Manhattan-Projekts zur Entwicklung von Atombomben während des Zweiten Weltkrieges.

Hawking, Stephen W. (*1942), englischer Physiker und Mathematiker an der University of Cambridge. Widmet sich einer einheitlichen Beschreibung von Anfang, Entwicklung und Zukunft des Universums in einer »Weltformel«.

Hiroshima Peace Memorial, genannt Genbaku-Dom oder Atomdom, Mahnmal der UNESCO in Hiroshima, Japan. Wird auch als »Ground Zero« der ersten Atombombenexplosion am 6. August 1945 betrachtet.

Hitler, Adolf (1889–1945), Führer der Nationalsozialistischen Deutschen Arbeiterpartei, Kanzler ab 1933; regierte Deutschland als diktatorischer »Führer« von 1934 bis zu seinem Tode.

Holocaust, systematische, staatlich organisierte Ermordung von sechs Millionen Männern, Frauen und Kindern durch Nazi-Deutschland und seine Kollaborateure während des Zweiten Weltkrieges.

Imphal, Hauptstadt von Manipur, Indien. Während des Zweiten Weltkrieges versuchten die Japaner die Stadt mit der sogenannten »Operation Imphal« einzunehmen.

Infeld, Leopold (1898–1968), polnischer Physiker; einer der elf Unterzeichner des Russell-Einstein-Manifestes.

Internationale Ärzte für die Verhütung des Atomkrieges, International Physicians for the Prevention of Nuclear War (IPPNW), internationaler Zusammenschluss von Ärzten, die sich mit Forschungs- und Bildungsprojekten für die Verhütung eines Atomkriegs engagieren.

Internationaler Gerichtshof, das höchste Organ der Rechtsprechung der Vereinten Nationen mit Sitz in Den Haag, Niederlande.

Internationales Komitee vom Roten Kreuz, gegründet 1863, Ursprung der Internationalen Bewegungen des Roten Kreuzes und des Roten Halbmonds; Organisation zum Schutz des Lebens und der Menschenwürde von Kriegs- und Bürgerkriegsopfern, versorgt diese mit Lebensmitteln und Medikamenten.

Jaspers, Karl Theodor (1883–1969), deutscher Psychiater und Philosoph.

Kalter Krieg, von einem ideologischen Konflikt zwischen den USA und der UdSSR geprägte Phase nach dem Zweiten Weltkrieg; einige Konfrontationen während des Kalten Krieges hätten beinahe zu einem »Heißen Krieg« geführt. Der Kalte Krieg endete 1991.

Kant, Immanuel (1724–1804), deutscher Philosoph und Wissenschaftler; Autor des Werkes *Kritik der reinen Vernunft.*

Kennedy, John Fitzgerald (1917–1963), der 35. Präsident der USA (1961–1963); seine Regierung wurde mit Herausforderungen wie der Kuba-Krise, dem Bau der Berliner Mauer und dem Vietnamkrieg konfrontiert.

Kern eines Atoms, der Zentralkörper eines Atoms, der sich aus Neutronen und Protonen zusammensetzt.

Kernphysik, Gebiet der Physik, das sich mit der Erforschung der Atomkerne, Elementarteilchen und kosmischen Strahlung beschäftigt.

Kernspaltung, Fission, die Spaltung der Kerne schwerer Elemente (Uran, Plutonium etc.) in einer Kettenreaktion.
Kobalt, chemisches Element Co mit der Ordnungszahl 27; Bestandteil von Vitamin B_{12}; radioaktiv im künstlichen Isotop ^{60}Co.
Korea-Krieg, ein Konflikt zwischen Nordkorea und Südkorea (1950–1953); wurde als »Stellvertreterkrieg« zwischen den USA und seinen westlichen demokratischen Verbündeten und den kommunistischen Ländern China und Russland betrachtet.
Kossygin, Alexei (1904–1980), sowjetischer Ministerpräsident (1964–1980); galt als pragmatischer Wirtschaftspolitiker.
Kuba-Krise, gefährliche Konfrontation zwischen den USA und der UdSSR aufgrund der Stationierung sowjetischer Atomraketen auf Kuba im Jahre 1962.
Lawrence, Ernest Orlando (1901–1958), amerikanischer Physiker; Erfinder des Zyklotrons; wurde 1939 mit dem Nobelpreis für Physik ausgezeichnet.
Los Alamos National Laboratory, Forschungslabor; gegründet während des Zweiten Weltkrieges, um die wissenschaftliche Arbeit im Zusammenhang mit dem Manhattan-Projekt zu koordinieren; wurde zunächst von Robert Oppenheimer geleitet.
Makiguchi, Tsunesaburo (1871–1944), Lehrer, Gründer und Präsident der Soka Gakkai und Autor der Bücher *Education for Creative Living* und *A Geography of Human Life.*
Mandela, Nelson (*1918), ein Führer der African National Conference (ANC); erster Präsident des freien und demokratischen Südafrika; wurde 1993 mit dem Friedensnobelpreis ausgezeichnet.
Manhattan-Projekt, von den USA während des Zweiten

Weltkrieges initiiertes Projekt; führte zur Produktion und dem Abwurf von Atomwaffen über Hiroshima und Nagasaki (1945).

McCarthy, Joseph Raymond (1908–1957), Republikaner, Mitglied des US-Senats; führte seit 1950 einen Feldzug gegen angebliche Unterwanderung des Kongresses durch Kommunisten und deren Agenten; bezichtigte Unschuldige der kommunistischen Umtriebe.

McNamara, Robert (*1916), amerikanischer Unternehmer und Politiker; von 1961 bis 1968 US-Verteidigungsminister.

Meitner, Lise (1878–1968), österreichische Physikerin; forschte über Radioaktivität und Kernphysik; nahm die schwedische Staatsbürgerschaft an.

»Menschliche Revolution«, ein Prozess der Persönlichkeitsentwicklung und Selbsterkenntnis durch mitfühlende buddhistische Aktivitäten. Gleichzeitig der Titel der von Daisaku Ikeda in Romanform verfassten Geschichte der Soka Gakkai.

Militärisch-industrieller Komplex, die Verbindung zwischen den US-Streitkräften, der Waffenindustrie und assoziierten politischen und kommerziellen Interessengruppen.

Moskauer Universität, (Lomonossow-Universität), die größte und älteste Universität Russlands; gegründet 1755 von M.V. Lomonossow.

Mussolini, Benito Amilcare Andrea (1883–1945), italienischer Politiker; schuf 1922 einen faschistischen Staat und begünstigte die Invasion fremder Truppen; trat dem »Dreimächtepakt« (Deutschland, Italien und Japan) bei.

Mutually Assured Destruction (MAD), militärische Strategie – die »beiderseitige Bereitschaft zum nuklearen Gegenschlag« –, die der Abschreckung dienen und einen Atomkrieg verhindern sollte.

Nehru, Jawaharlal (1889–1964), indischer Politiker; Schüler Gandhis; einer der Führer im indischen Unabhängigkeitskampf; erster Premierminister Indiens (1947–1964).

Nichiren, Daishonin (1222–1282), japanischer buddhistischer Prophet, Begründer des Nichiren-Buddhismus, der die Lehren des Lotos-Sutra verehrt.

Normandie, Invasion der, Landung der amerikanischen, englischen und kanadischen Truppen (Alliierten) an den Stränden der Normandie; führte 1944 zur Befreiung von Paris und dem Sieg über Nazi-Deutschland.

NATO (North Atlantic Treaty Organization), Nordatlantikpakt, der Verteidigung dienendes internationales Militärbündnis; gegründet 1949.

Ogawa, Iwao (*1921), japanischer Kernphysiker; lehrte an der Tokioter Universität und an der Rikkyo University.

Oliphant, Mark (1901–2000), australischer Physiker, entwickelte den Mikrowellenradar; leitete Kernfusionsexperimente, die 1934 zur Entdeckung von neuen Formen des Wasserstoffs (Deuterium und Tritium) führten; energischer Verfechter der atomaren Abrüstung.

Oppenheimer, Robert (1904–1967), amerikanischer Physiker; wissenschaftlicher Leiter des Manhattan-Projekts; erster Direktor des National Laboratory in Los Alamos.

Ortega y Gasset, José (1883–1955), spanischer Philosoph; hatte großen Anteil an der kulturellen und literarischen Erneuerung im Spanien des 20. Jahrhunderts.

Oxfam International, Oxford Famine Relief Committee, ein Zusammenschluss von zwölf Organisationen, die sich zum Ziel gesetzt haben, dauerhafte Lösungen für Armut, Krankheit und Ungerechtigkeit in der Welt zu finden.

Pascal, Blaise (1623–1662), französischer Mathematiker, Physiker und Religionsphilosoph; Hauptwerk: *Pensées sur la religion.*

Pauling, Linus C. (1901–1994), bekannt für seine Forschungsarbeiten auf dem Gebiet der Molekularstruktur und Proteinbiochemie; ein früher Verfechter des gesundheitlichen Nutzens von Vitamin-C-Megadosen; wurde 1954 mit dem Nobelpreis für Chemie und 1962 mit dem Friedensnobelpreis (für seine Bemühungen um die Atomwaffenkontrolle) ausgezeichnet.

Peierls, Rudolf Ernst (1907–1995), deutsch-britischer Physiker, seine Arbeit über die Energie der Kernspaltung führte zur britischen Beteiligung am Manhattan-Projekt.

Pekinger Universität, eine der ältesten und renommiertesten Universitäten Chinas; gegründet 1898.

PTBT (Partial Test Ban Treaty), Partieller Atomwaffenteststoppvertrag, verbietet alle Atomwaffentests in der Atmosphäre, dem Weltraum und unter Wasser; wurde zuerst von den USA, Großbritannien und den UdSSR im Jahre 1963 in Moskau unterzeichnet. Inzwischen haben sich 108 Länder dem Abkommen angeschlossen.

Pugwash-Konferenzen, Pugwash Conferences on Sience and World Affairs, internationale Organisation von Wissenschaftlern und Persönlichkeiten des öffentlichen Lebens; gegründet 1957 von Joseph Rotblat und Bertrand Russell in Pugwash, Kanada, um die Gefahr bewaffneter Konflikte einzudämmen und globale Sicherheitslösungen zu finden. Die Pugwash-Bewegung und Rotblat wurden 1995 für ihre Bemühungen um die atomare Abrüstung gemeinsam mit dem Friedensnobelpreis ausgezeichnet.

Rapoport, Anatol (1911–2007), russisch-amerikanischer Mathematiker und Biologe; Pionier auf dem Forschungsgebiet der Spieltheorie in der Konfliktlösung.

Rees, Martin John (*1942), britischer Astronomer Royal, seit 2004 Master des Trinity College.

Rhodes, Richard (*1937), amerikanischer Autor, wurde für *The Making of the Atomic Bomb* mit dem Pulitzer-Preis ausgezeichnet.

Robespierre, Maximilien Marie Isidore de (1758–1794), französischer Revolutionär; Anführer der Jakobiner, seit April 1794 faktisch Diktator während der Terrorherrschaft in Frankreich.

Roosevelt, Franklin Delano (1882–1945), 32. Präsident der USA (1933–1945), bekämpfte erfolgreich die Wirtschaftsdepression durch den »*New Deal*« und setzte notwendige Sozialreformen durch.

Russell, Bertrand (1872–1970), englischer Philosoph und Mathematiker; erhielt 1950 den Nobelpreis für Literatur. Autor von *Das menschliche Wissen* (1952).

Russell-Einstein-Manifest, 1955 von Bertrand Russell in London verfasst; unterzeichnet von elf herausragenden Intellektuellen und Wissenschaftlern, einschließlich Albert Einstein; ein Appell an die politischen Führer der Welt, nach friedlichen Lösungen für internationale Konflikte zu suchen. Siehe Anhang 2.

Schwerer Wasserstoff, auch Deuterium, allgemeine Bezeichnung für die schweren Isotope des Wasserstoffs.

Soka Gakkai, in Japan im Jahre 1930 gegründete buddhistische Laienorganisation; 1937 formell eingeführt. Die Gemeinschaft hält sich an die Lehren Nichirens, die auf dem Lotos-Sutra beruhen (Philosophie des Mitgefühls).

Stalin, Joseph (1879–1953), sowjetischer Politiker und Diktator; bekannt für seine Politik der Fünfjahrespläne, die die Gesellschaftsstrukturen radikal veränderten und Millionen den Tod brachten.

Suez-Krise, englische, französische und israelische Truppen besetzten die Suezkanalzone in Ägypten, als der ägyptische Präsident Gamal Abdel Nasser im Jahre 1956 den Suez-Kanal verstaatlichte. Die Suez-Krise wurde durch die Intervention der Großmächte UdSSR und USA beigelegt.

Szilárd, Leó (1898–1964), ungarisch-amerikanischer Physiker; arbeitete am Manhattan-Projekt mit, war gegen den Abwurf der Atombomben auf Hiroshima und Nagasaki.

Tagore, Rabindranath (1861–1941), bengalischer Dichter, Schriftsteller, Komponist und Maler; Autor von *Gitanjali;* wurde 1913 mit dem Nobelpreis für Literatur ausgezeichnet.

Teller, Edward (1908–2003), ungarisch-amerikanischer Physiker; schloss sich 1942 dem Manhattan-Projekt an und leitete die Entwicklung der Wasserstoffbombe (H-Bombe).

Terroranschläge des 11.September, eine Serie koordinierter Selbstmordanschläge auf die USA, die am 11.September 2001 verübt wurde.

Toda Institut für Weltfrieden und Politikforschung, Toda Institute for Global Peace and Policy Research, 1996 von Daisaku Ikeda gegründet; unterhält Büros in Tokio und Honolulu; fördert Forschungsprogramme über den Weltfrieden und Fragen der internationalen Sicherheitspolitik.

Toda, Josei (1900–1958), zweiter Präsident der Soka Gakkai; ein direkter Schüler des Gründers und ersten Präsidenten Tsunesaburo Makiguchi; Mentor des dritten Präsidenten, Daisaku Ikeda.

Tokugawa shogunate, Regierung durch Erbmilitärdiktatur, eine Zeit des Friedens, der politischen Stabilität und des wirtschaftlichen Wachstums in Japan (1603–1867).

Tomonaga, Shin'ichiro (1906–1979), japanischer Physiker; beeinflusste die Entwicklung der Quantendynamik; wurde 1965 mit dem Nobelpreis für Physik ausgezeichnet.

Treaty on the Non-Proliferation of Nuclear Weapons (NPT), Nichtverbreitungsvertrag (NVV) oder Atomwaffensperrvertrag, trat im Jahre 1970 in Kraft; wurde bisher von 189 Ländern unterzeichnet.
Truman, Harry S. (1884–1972), 33. Präsident der USA (1945–1953); regierte in der Endphase des Zweiten Weltkrieges und bestimmte die Nachkriegspolitik der USA.
Ungarn-Aufstand, anti-sowjetische Revolte in Ungarn im Jahre 1956; von sowjetischen Truppen niedergeschlagen, die eine pro-sowjetische ungarische Regierung etablierten.
Urey, Harold Clayton (1893–1981), amerikanischer Chemiker; wies die Existenz des Deuterium-Isotops des Wasserstoffs in Experimenten mit dem Spektroskop nach; 1934 mit dem Nobelpreis für Chemie ausgezeichnet.
Verne, Jules Gabriel (1828–1905), französischer Schriftsteller und Pionier des Science-Fiction-Genres; bekannte Werke: *In 80 Tagen um die Welt* und *Reise zum Mond.*
Vietnamkrieg, auch zweiter Indochina-Krieg; Konflikt zwischen Nordvietnam (und seinen Verbündeten) und Südvietnam und den USA; dauerte von 1960 bis 1975.
Warschauer Pakt, internationales Militärbündnis sozialistischer Länder; gegründet 1955.
Wasserstoffbombe, früher auch Thermonuklearbombe; die Explosion entsteht durch Verschmelzung leichter Kerne und nicht durch Kernspaltung; besitzt die 100-fache Zerstörungskraft einer herkömmlichen Atombombe.
Yukawa, Hideki (1907–1981), japanischer Physiker; 1949 mit dem Nobelpreis für Physik ausgezeichnet; unterzeichnete 1955 das Russell-Einstein-Manifest.
Zyklotron, Teilchenbeschleuniger; Anlage der modernen Hochenergiephysik, in der die zu beschleunigenden Teilchen mithilfe eines Magnetfelds in eine Spiralbahn gebracht werden.

Anmerkungen

KAPITEL 1

1 Übersetzt aus dem Japanischen: *Tomonaga Shin'ichiro Chosakushu* (The Collected Writings of Shin'ichiro Tomonaga), (Tokyo: Misuzu Shobo, 2001), Bd. 5, S. 67.

2 Linus Pauling and Daisaku Ikeda, *A Lifelong Quest for Peace* (Boston: Jones and Bartlett Publishers, 1992), S. 66.

3 SGI Quarterly, Nr. 31, January 2003; auf der Homepage der SGI: http: // www.sgi.org/english/Features/quartlerly/0301/portraits.htm.

4 J. Rotblat, J. Steinberger, D. Udgaonkari, (Hrsg.), *A Nuclear-Weapon-Free World: Desirable? Feasible?*, 2. Auflage (Boulder, CO: Westview Press, 1996).

KAPITEL 3

1 Vorwort zu *Fighting for Peace* (Berkley: Creative Arts Book Company, 2004), S. ix.

KAPITEL 6

1 Arnold J. Toynbee and Daisaku Ikeda, *Choose Life* (Oxford: Oxford University Press, 1976), S. 191. Dt.: *Wähle das Leben: Ein Dialog*, Düsseldorf 1982.

[2] ibd.

[3] Vgl. Karl Jaspers, *Kleine Schule des Philosophischen Denkens*, München 1965, S. 174.

Kapitel 7

[1] Übersetzt aus dem Japanischen: *The Mainichi Newspapers*, January 26, 1998, S. 3.

[2] Robert S. McNamara, *Argument Without End* (New York: Public Affairs, 1999), S. 11.

[3] Mikhail Gorbachev and Daisaku Ikeda, *Moral Lessons of the Twentieth Century* (London: I.B. Tauris, 2005), S. 52.
Dt.: *Unsere Wege treffen sich am Horizont*, München 2001.

[4] Saint Augustine, *The City of God Against the Pagans*, Bd. II, Bücher IV–VII, übersetzt von William M. Green (Cambridge, MA: Harvard University Press, 1963), S. 17.

[5] J. Rotblat, J. Steinberger, D. Udgaonkari (Hrsg.), *A Nuclear-Weapon-Free World: Desirable? Feasible?*, 2. Auflage (Boulder, CO: Westview Press, 1996).

[6] Blaise Pascal, *Pensées*, übersetzt von W. F. Trotter (London: J. M. Dent & Sons Ltd., 1947), Nr. 298, S. 85.

[7] Rabindranath Tagore, *The Spirit of Japan* (Tokyo: Indo-Japanese Association, 1916), S. 2.

Kapitel 8

[1] José Ortega y Gasset, *La rebelión de las masas* (Madrid: Revista de Occidente, 1929), S. 159.
Dt.: *Der Aufstand der Massen*, München 2007.

[2] Tsunesaburo Makiguchi, *A Geography of Human Life*, Dayle M. Bethel (Hrsg.), (San Francisco: Caddo Gap Press, 2002), S. 11.

[3] *Nichiren Daishonin Gosho Zenshu* (Collected Writings of Nichiren Daishonin), (Tokyo: Soka Gakkai, 1952), S. 1598.

[4] ibd., S. 258.

[5] Desiderius Erasmus, *The Education of a Christian Prince*, übersetzt von Lester K. Born (New York: Octagon Books, 1965), S. 213.
Dt.: *Die Erziehung eines christlichen Fürsten. Institutio principis christiani,* Paderborn 1968.

Kapitel 9

[1] *The Writings of Nichiren Daishonin*, übersetzt von Soka Gakkai (Tokyo: Soka Gakkai, 1999), S. 998.

[2] *The Record of the Orally Transmitted Teachings*, übersetzt von Burton Watson (Tokyo: Soka Gakkai, 2004), S. 115.

[3] *The Writings of Nichiren Daishonin*, übersetzt von Soka Gakkai (Tokyo: Soka Gakkai, 1999), S. 536.

[4] Stephen W. Hawking, *A Brief History of Time*, Vorwort von Carl Sagan (New York: Bantam Books, 1988).
Dt.: *Eine kurze Geschichte der Zeit,* Reinbek 1998.

[5] Stephen W. Hawking, *The Universe in a Nutshell* (New York: Bantam Books, 2001).
Dt.: *Das Universum in der Nussschale,* München 2004.

[6] Zum Beispiel Martin Rees, *Before the Beginning: Our Universe and Others* (New York: Basic Books, 1998). Dt.: *Vor dem Anfang. Eine Geschichte des Universums,* Frankfurt 2001.

[7] Richard Rhodes, *The Making of the Atomic Bomb* (New York: Simon & Schuster, 1986), und Richard Rhodes, *Dark Sun: The Making of the Hydrogen Bomb* (New York: Simon & Schuster, 1996)

[8] Daisaku Ikeda, *Fighting for Peace* (Berkley: Creative Arts Book Company, 2004), S. ix.

KAPITEL 10

[1] September 21, 2004, New York.

[2] *Hansard* [protokollarische Aufzeichnungen des britischen Parlaments], November 11, 1947.

[3] September 25, 1961, New York.

[4] Arnold J. Toynbee, *A Study of History* (London: Oxford University Press, 1951–1961), 12 Bde.

[5] Anatol Rapoport, *Decision Theory and Decision Behaviour* (Houndmills: Palgrave, 1997).

[6] Bertrand Russell, *Has Man a Future?* (Baltimore: Penguin Books, 1964), S. 87.

ANHANG 3

[1] Baron Solly Zuckermann von Burnham Thorpe, Norfolk, hatte während des Zweiten Weltkriegs und danach eine Reihe solcher Ämter inne.

[2] Vor nicht allzu langer Zeit – im Pugwash-Newsletter vom Oktober 1998 – wies Rotblat auf eine kürzlich durchgesickerte, geheime Direktive des Präsidenten im Hinblick auf die nukleare Strategie der USA hin, die die Beibehaltung von Kernwaffen für die weitere Zukunft als Grundlage für die nationale Sicherheit der Vereinigten Staaten vorsieht.

[3] Im Jahre 1962 begann die UdSSR mit der Stationierung von Atomraketen auf Kuba, um die USA von jeglichen Angriffen auf Kuba abzuschrecken. Die USA forderten den Abzug der Raketen. Dieser Konflikt zwischen den USA und der Sowjetunion brachte die Welt an den Rand eines Atomkrieges. Doch der sowjetische Ministerpräsident Nikita Chruschtschow stimmte dem Abzug zu und die Krise ging vorüber.

[4] Rotblat bezieht sich auf die Pugwash-Publikation *Verification: Monitoring Disarmament*, [*Verification: Monitoring Disarmament* (Pugwash Monograph), Francesco Calogero, Marvin L. Goldberger and Sergei P. Kapitza (Hrsg.), (Boulder, CO: Westview Press, 1991)], verfasst von hochrangigen Experten aus dem Westen und der damaligen Sowjetunion, welche aufzeigt, wie Pugwash-Wissenschaftler mit unterschiedlichem ideologischem Hintergrund zusammenarbeiten könnten, um zu einer vernünftigen Lösung der Sicherheitsfragen zu gelangen.

[5] Der 1964 im Stil einer schwarzen Komödie gedrehte Antikriegsfilm über den Abwurf der Bombe trug den Titel *Dr. Strangelove, or: How I Stopped Worrying and Learned to Love the Bomb*. (Auf Deutsch erschien der Film unter dem Titel: *Dr. Seltsam oder wie ich lernte, die Bombe zu lieben.*)

[6] Hans Albrecht Bethe, 1906 in Deutschland geboren, übersiedelte 1935 in die Vereinigten Staaten, um an der Cornell University zu lehren. Er arbeitete von 1943 bis 1946 in Los Alamos und nahm 1958 als wissenschaftlicher Berater der USA an den Atomteststopp-Gesprächen in Genf teil. Im Jahre 1967 wurde er »für seinen Beitrag zur Erforschung von Kernreaktionen, insbesondere seine Entdeckungen über die Energieproduktion in Sternen« mit dem Nobelpreis für Physik ausgezeichnet.

[7] Beim Südpazifik-Atoll Mururoa in Französisch-Polynesien führte Frankreich von 1995 bis 1996 eine Reihe von Unterwasser-Atombombentests durch.

[8] Ein israelischer Techniker, der im Demona-Kernreaktor arbeitete, war der Meinung, die Israelis und die Welt sollten über die dort stattfindende geheime Plutoniumproduktion für Kernwaffen Bescheid wissen, und machte diese Informationen aus Gewissensgründen im Jahre 1985 öffentlich. Daraufhin wurde er von israelischen Geheimagenten nach Rom gelockt, entführt, nach Israel zurückgebracht und dort in einem geheimen Prozess zu 18 Jahren Gefängnis verurteilt. Er verbrachte mindestens die ersten zwölf Jahre in Einzelhaft, während eine weltweite Kampagne für seine Freilassung lief. Von Amnesty International als Gefangener aus Gewissensgründen anerkannt, wurde er mehrmals für den Friedensnobelpreis nominiert.

Register

Die Stichworte, die im Glossar näher erläutert werden, sind durch kursive Seitenangaben gekennzeichnet.